Barbara Cratzius *Ein ganzes Jahr – und noch viel mehr*

Ein ganzes Jahr –

1 September bis Februar

Barbara Cratzius

und noch viel mehr

Mit vielen Illustrationen von Gertrud Schrör

Herder Freiburg · Basel · Wien

Die Jahreszeiten erleben und gestalten mit *Barbara Cratzius*

Monatsreihe:

Ein ganzes Jahr – und noch viel mehr

Band 1: September – Februar (Best.-Nr. 21 996)

Band 2: März – August (Best.-Nr. 21 997)

Jahreszeitenreihe:

Frühling im Kindergarten

(Best.-Nr. 21 261)

Sommer im Kindergarten

(Best.-Nr. 21 262)

Herbst im Kindergarten

(Best.-Nr. 21 263)

Winter im Kindergarten

(Best.-Nr. 21 264)

Jeder Band 128 Seiten

3. Auflage

Die Lieder dieses Buches von Klaus W. Hoffmann, Herbert Ring und Paul G. Walter sind zusammengefaßt in der Begleit-Kassette „Ein ganzes Jahr – und noch viel mehr" (zusammen mit Teil 2).
Sie können dieses MC käuflich erwerben bei
Musikbär Verlag Paul G. Walter, Eichenweg 15 a, 6905 Schriesheim, Telefon 06203/63775.

Weitere Autoren, deren Texte in dieses Buch aufgenommen sind:
G. Erhardt, E. Scharafat, A. Schulz, U. Weber.

Notengrafik: Herbert Ring
Einband- und Textfotos: Hartmut W. Schmidt
Einbandgestaltung: Herbert Becker

Herstellung: Freiburger Graphische Betriebe 1991
ISBN 3-451-21996-4

Ein ganzes Jahr und noch viel mehr

September – eine neues Kindergartenjahr beginnt.
Ein schönes langes Jahr mit vielen Monaten voller Freude und Überraschungen liegt vor uns und unseren Kindern.
Von Monat zu Monat wollen wir gemeinsam spielen, basteln, singen, Rätsel raten und Geschichten hören.

Dieses Buch möchte Ihnen eine Fundgrube an vielseitigen Aktivitäten bereitstellen.
Von Monat zu Monat finden Sie ein breitgefächertes Angebot von ganz neuen, im Kindergartenalltag erprobten Ideen:

- Vorlesegeschichten und Fingerspiele,
- Kasperlespiele und Zauberkunststücke,
- viele Bastelüberraschungen,
- leckere Vollwertrezepte für den Kinderkreis,
- Vorschläge für leuchtende Laternen im Herbst,
- neue Lieder für Kreisspiele,
- Rätsel ... Rätsel ...
- und natürlich viele Bilder zum Betrachten, Erzählen und Sichfreuen.

Jeder Monat im bunten Kinderjahr breitet eine Fülle von Anregungen und Spielideen aus, die die schöpferischen Kräfte Ihrer Kinder wecken können.
Der erste Teil dieser Jahresbücher reicht von September über Erntedankfest ... bis zum Februar – Faschingszeit.
Im zweiten Teil werden für die Frühlings- und Sommermonate viele Anregungen gegeben, mit den Kindern gemeinsam die Oster- und Sommerzeit zu gestalten.

Dieses Buch möchte Erzieher, Eltern und Kinder auffordern: Kommt mit durchs bunte Kinderjahr und freut euch am Kasper mit seinen lustigen Streichen, an der Schachtelstadt, an den Erlebnissen der kleinen grauen Eule und den lustigen Faschingsideen.
Sie können mit den Kindern die vielen Vorlesegeschichten lebendig werden lassen:

- als Klang-Geschichten
(mit Orff-Instrumenten),
- als Rollenspiele,
- als Fingertheater auf dem Tisch,
- als gemalte Bildgeschichten.

Ich möchte Kindern, Erziehern und Eltern zurufen:
Spielt, bastelt, singt und tanzt mit durchs lange, schöne, bunte Kinderjahr!

Barbara Cratzius

Inhalt

Unter den obigen Kapitelüberschriften
finden Sie an den angegebenen Seiten viele Texte
und Gestaltungsvorschläge
in der Reihenfolge des Buches.

Das nachfolgende Inhaltsverzeichnis
will ihnen durch die Ordnung nach Stichworten
die Suche nach bestimmten Texten
und Gestaltungsvorschlägen erleichtern.

ABZÄHLVERSE – WORTERGÄNZUNGEN – REIME

BASTELVORSCHLÄGE

(Herstellen verschiedener Dinge)

BAUERNREGELN – VOLKSGUT

BEWEGUNGSSPIELE – ROLLENSPIELE

BILDHAFTES GESTALTEN

BRAUCHTUM

ERZÄHLUNGEN – GESCHICHTEN

FESTE siehe BRAUCHTUM

FINGERSPIELE

GEBETE – DANKLIEDER

GEDICHTE

September

September ruft den Vögeln zu:
Versammelt euch im Baum!
Bald geht es auf die große Reise,
aus ist der Sommertraum!

Das Zwi–Zwa–Zwitschern hört jetzt auf,
geschwatzt habt ihr genug.
Noch einmal richtig sattgefressen,
dann los zu langem Flug!

Doch Amseln, Spatzen, ihr bleibt hier,
wir kriegen euch schon satt!
Noch ist es warm, mit bunten Farben
färbt sich nun Blatt um Blatt.

Alte Bauernregeln und Volksgut für den September

In viel Septembernebel seh
ein Zeichen für viel Winterschnee.

Bringt Lambertus Regen,
folgt ein Herbst mit wenig Segen.

Bringt Michael Wind aus Nord und Ost,
bedeutet's starken Winterfrost.

Ist im September der Krebs nimmer gut,
man keinen zu essen man besser tut.

Wenn im September viel Spinnen kriechen,
sie einen harten Winter riechen.

Monats- und Tierrätsel

Wer sagt zu unser'n Schwalben,
nun fliegt doch endlich los!
Wer wirft uns Nuß und Äpfel
und Pflaumen in den Schoß?

(September)

Wer schießt in schnellem Flug heran?
Dort auf den Drähten sitzen zehn!
Die Schwänze wippen hin und her.
Heut soll's auf große Reise gehn!

(Schwalben)

Wann hab' ich wieder Geburtstag?

Ein ganzes langes Jahr

Michael liegt müde in seinem Bett. Heute hat er Geburtstag gehabt. Alle seine Freunde sind gekommen. Sie haben zuerst mit den neuen Matchboxautos gespielt, mit den Tanklastern und Feuerwehrwagen. Die neuen Polizeiautos haben sie ordentlich tuten lassen. Dann sind sie zum Abenteuerspielplatz gegangen und haben Indianer gespielt. Michael hat einen bunten Federkopfschmuck und eine braune Lederjacke mit vielen Fransen dran bekommen. Mutter hat auch den anderen Jungen bunte Federbänder um den Kopf gebunden. Nur den Sheriffs nicht. Denen hat sie einen

großen goldenen Stern ans Hemd gesteckt – Hua – hua – hua – noch lange vor dem Einschlafen hört Michael die wilden Indianerrufe.

Dann ist er plötzlich wieder hellwach. „Mami, wir haben ja noch gar nicht die Pfeile und Bogen ausprobiert. Und Saft und Kuchen haben wir auch noch übrig! Können wir morgen nicht noch mal Geburtstag feiern?"

„Geburtstag hast du erst wieder in einem Jahr!" lacht die Mutter. „Ein Jahr? Ist das noch lang?" fragt Michael. „Wie oft muß ich da noch schlafen?"

Die Mutter setzt sich ans Bett.

„Bis zu deinem nächsten Geburtstag dauert es noch eine ganze Weile!" sagte sie. „Aber wir feiern bis dahin ja noch viele schöne Feste, und es gibt jeden Tag viel Schönes zu entdecken. Bald können wir ein kleines Laternenfest feiern. Es wird jetzt ja abends schon immer so früh dunkel. Dann basteln wir uns aus Käseschachteln bunte Laternen und ziehen abends durch die Straßen. Unsere schönen Martinslieder können wir dabei singen. Und ein richtiges Martinsfest können wir feiern. Unser Kastanienbaum vor dem Haus hat uns schon so viele Kastanien ins Gras geworfen. „Toll", sagt Michael, „dann basteln wir wieder schöne Kastanienmänner und Tiere mit Streichhölzern!"

„Und dann dauert es gar nicht mehr lange, dann machen wir ein richtiges Kerzenfest. Ich habe noch so viele Kerzenreste vom vorigen Weihnachtsfest. Die können wir in eine Schüssel legen und langsam abbrennen."

„O ja", ruft Michael begeistert. „Richtig schöne neue Kerzen können wir gießen und vorsichtig Tannengrün in die Flammen halten. Davon riecht die ganze Wohnung so gut! Und ich darf wieder Peter und Kai zum Plätzchenbacken einladen! Wir können ja wieder die kleinen Perlen auf die Plätzchen drücken!"

„Kommt denn bald Weihnachten? Weihnachten ist fast noch schöner als Geburtstag!"

Die Mutter lacht. „Ja dann schmücken wir gemeinsam den Weihnachtsbaum! Und nach Weihnachten gibt es wieder so viel schönen Schnee!“

„Ach ja, Mami, ich wünsch’ mir doch einen großen Schlitten zu Weihnachten“, ruft Michael. „Und Schneemänner bauen wir, eine Schneefrau und ein Schneekind, eine richtige Schneefamilie!“

„Dann kannst du alle deine Indianerfreunde zum Fasching einladen“, lacht die Mutter. „Die Indianerkostüme haben wir ja alle fertig.“ – Michael legt sich ganz zufrieden in seine Kissen zurück. Aber noch ist er nicht eingeschlafen. „Und nach Fasching, hab’ ich da Geburtstag?“ fragte er.

„Nein, noch lange nicht!“ lacht die Mutter. „Dann kommt erst noch Ostern!“

„Toll – mit Ostereiersuchen im Garten“, ruft Michael. „Diesmal muß ich aber alle Osternester finden, weißt du noch, einmal hab’ ich eins unter dem Strauch vergessen, da waren die Eier alle aufgeweicht vom Regen!“

„Und dann wird’s ganz heiß!“ lacht die Mutter. „Dann kannst du deinen bunten Schwimmring und die Taucherbrille heraussuchen!“

„O ja, dann fahren wir ans Meer!“ ruft Michael begeistert. „Und Vati pumpt die Luftmatratze auf. Und dann kann ich bald richtig schwimmen, auch ohne Schwimmring! Und dann hab’ ich Geburtstag!“

„Ein Weilchen dauert es noch“, sagt die Mutter, „vorher werden noch die Äpfel und Birnen und Pflaumen reif!“

„Und du backst wieder Pflaumenkuchen! Lecker!“ freut sich Michael.

„Dann kannst du deine Drachen steigen lassen, es gibt nämlich ganz wilde Herbstwinde!“ erzählt die Mutter.

„Und wenn Drachenzeit ist, dann hast du auch bald Geburtstag!“

„Toll“, meint Michael, Geburtstag mit Drachen und Indianern!“ Und schon ist er eingeschlafen.

Rätsel im September

Rund wie die Sonne
ist ihr Gesicht.
Aber bewegen
kann sie sich nicht.

Goldene Strahlen
stehen im Kreis.
Aber im Sommer
ist sie nicht heiß.

Hell wie die Sonne
ist ihr Gesicht.
Aber sie blendet
mein Auge nicht

Schön wie die Sonne
leuchtet sie weit
bei uns am Hause
zur Sommerzeit.

(Sonnenblume)

Zu diesem Rätsel von der Sonnenblume möchten wir euch noch einen schönen Malvorschlag anbieten. Mit Fingerfarben (gelb, braun, grün) könnt ihr eine große leuchtende Sonnenblume auf einen Pappbogen oder einen langen schmalen Stoffrest malen. Auch ein großer leuchtender Sonnenball (gelb und rot) mit vielen Strahlen auf einem viereckigen Stoffrest sieht sehr gut aus. Für euer Kinderzimmer oder euren Gruppenraum wird das ein schöner Schmuck sein!

Es ist nicht Apfel noch Pflaum',
doch hängt es auch hoch am Baum.
Es leuchtet in der Herbsteszeit
ganz bunt von allen Zweigen weit.
Im Sommer ist es grün und glatt,
das ist ein ... (Blatt)

Im Frühjahr ist er rank und schlank,
trägt ein schmales grünes Röckchen.
Doch zur schönen Herbsteszeit
wird sein gelbes Kleid ganz weit.
Rührt sich gar nicht von der Stelle,
kommt herbei, ihr Kinder, schnelle!
Tragt ihn her den dicken Mann,
daß Mutter Suppe kochen kann.
Helft ihr, kleine Stücke schneiden,
als Kompott mögt ihr ihn leiden.

(Kürbis)

Sonnenblumen

„Schau mal die großen Sonnenblumenköpfe! Wie große runde Teller sehen die aus!“ freut sich Kerstin. „Die Amseln haben schon viele Blüten leergepickt, aber es sind noch genug Körner da, damit wir nächstes Jahr eine lange Reihe von Sonnenblumen an der Garagenmauer aussäen können“, lacht Mutter.

„Und wer schafft im Herbst die langen Stengel fort?“ fragt Vater. „Für den Komposthaufen sind die Stengel zu dick.“

„Vati, ich helf' dir auch, die dicken Stiele kaputtzuschneiden“, bettelt Kerstin. „Guck doch mal, wie groß die Sonnenblumen geworden sind! Bestimmt zwei Köpfe größer als ich. Du kannst wieder so schöne Fotos davon machen!“ Sie nimmt ein paar Samenkörner in die Hand. „Aus so einem kleinen Samenkorn wächst eine so große Pflanze, das ist wirklich wie ein Wunder.“

„Ja, und deine schönen großen Sonnenblumen lassen unsere Rosen ganz verkümmern, und der Rasen sieht davon ganz grau aus. Die großen Sonnenblumen brauchen so viel Kraft, um zu wachsen, daß die anderen Pflanzen gar nicht mehr richtig gedeihen können. Nein, in unserem Garten will ich keine so großen Sonnenblumen mehr haben“, sagt Vater sehr bestimmt. Da weiß Mutter Rat. „Wie wär's mit einer Reihe von den kleinen Babysonnenblumen an der Garagenmauer!“ meint sie. „Die sehen auch so hübsch aus und werden lange nicht so hoch. Und Kerstin darf dann noch ein paar Samen von den großen Sonnenblumen um den Komposthaufen herumstecken. Da stören sie niemanden, und wir haben vom Küchenfenster unsere Freude daran.“ „O fein!“ jubelt Kerstin, „ich heb' gleich eine Tüte voll Samen auf für das Frühjahr.“

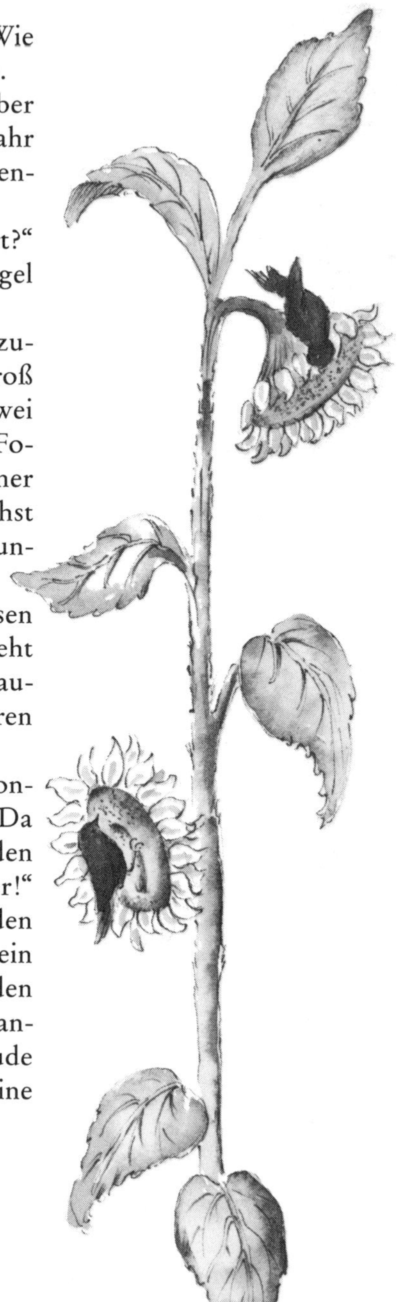

Die Schwalben unterm Hausdach

Im Sommer haben sich Thorsten und Ulla an dem Schwalbennest unter dem Dach gefreut. Viele Tage hat es gedauert, bis aus dem ersten winzigen Klecks an der Hauswand ein richtiges Nest geworden ist! Immer wieder sind die Schwalbeneltern mit Lehm und Mörtel, mit Moos und Strohhälmchen hin- und hergeflogen. Thorsten hat jeden Morgen nachgeguckt, ob die Schwalbe wohl noch auf dem Nest sitzt und brütet. Mit ihren großen schwarzen Augen hat die Schwalbe ihn ganz ruhig angeschaut. „Mami, sie hat sich schon so an uns gewöhnt, eine richtige Hausschwalbe ist das!“ hat Ulla gerufen. Da – eines Morgens ist die Schwalbe fort. Thorsten blickt suchend umher. Da sieht er, wie die schwarzgefiederten Gesellen hoch überm Hausdach ihre Kreise ziehen. Nun schießt eine Schwalbe nieder, und als sie sich auf den Nestrand hockt, recken sich piepsend kleine rosa Schnäbel hoch. „Die Schwalbenkinder sind da!“ ruft Thorsten begeistert. Von Tag zu Tag werden sie größer. Das gibt ein richtiges Gedrängel im Nest, wenn die Schwalbeneltern die kleinen Schnäbel vollstopfen wollen.
Eines Tages ist es soweit: Die jungen Schwalben üben das Fliegen. In weiten Schwüngen schießen sie über das Hausdach, höher und immer höher.
Als die Tage kürzer werden und die Nebel über die Wiesen zieht, versammeln sich die Schwalben auf den Telegrafendrähten. „Guck mal“, ruft Thorsten, „da kommen immer mehr, man kann sie fast gar nicht mehr zählen!“ „Und was die alles zu besprechen haben vor der langen Reise!“ lacht Ulla. Eines Morgens sind sie verschwunden. Thorsten und Ulla sind ganz traurig. „Wartet nur ab“, meint die Mutter, „die finden ihr Nest schon wieder im nächsten Frühjahr! Dann könnt ihr euch an einer neuen Schwalbenfamilie freuen!“

Zungenbrecher

Beim Kinderfest im Kindergarten
klopft der kecke Kasper
dem Krokodil mit dem Krückstock
auf den Kopf.

Kra-kra – krächzt die Krähe
überm Kornfeld.

Hundert Hasen husten heimlich
hinter hohen Hecken.

Müllers Mops maust manchmal
meine Marzipanmäuse.

Verse für Fingerdrucke

Drei kleine Igel,
trippeln, trappeln, trapp,
rascheln, quicken, trippeln, laufen
husch unter den Blätterhaufen,
trippel, trappel, trapp.

Der Herbstwind, der Herbstwind,
der schüttelt die Äpfel hin und her,
da kullern sie alle runter ins Gras,
dort oben hängen keine mehr.

Die Sonnenblume will ich haben,
die dreht sich immer zur Sonne rum.
Ich ziehe einen großen Kreis,
und drucke Fransen rundherum.
Dann kommt noch ein dicker Stengel dran,
daß die Sonnenblume auch stehen kann.

Einkehr

Bei einem Wirte, wundermild,
Da war ich jüngst zu Gaste;
Ein goldner Apfel war sein Schild
An einem langen Aste.

Es war der gute Apfelbaum,
Bei dem ich eingekehret;
Mit süßer Kost und frischem Schaum
Hat er mich wohl genähret.

Es kamen in sein grünes Haus
Viel leichtbeschwingte Gäste;
Sie sprangen frei und hielten Schmaus
Und sangen auf das beste.

Ich fand ein Bett zu süßer Ruh
Auf weichen grünen Matten;
Der Wirt, er deckte selbst mich zu
Mit seinem kühlen Schatten.

Nun fragt' ich nach der Schuldigkeit,
Da schüttelt' er den Wipfel.
Gesegnet sei er allezeit
Von der Wurzel bis zum Gipfel!

Ludwig Uhland

Pasteten hin, Pasteten her,
was kümmern uns Pasteten?
Die Köche kochen lauter Not,
sie kochen uns viel eher tot;
ihr Herren, laßt euch sagen!
Schön rötlich die Kartoffeln sind
und weiß wie Alabaster!
Sie däun sich lieblich und geschwind
und sind für Mann und Frau und Kind
ein rechtes Magenpflaster.

Matthias Claudius

Lied vom bunten Herbst

Text: Barbara Cratzius Melodie: Paul G. Walter

Zwischenspiel

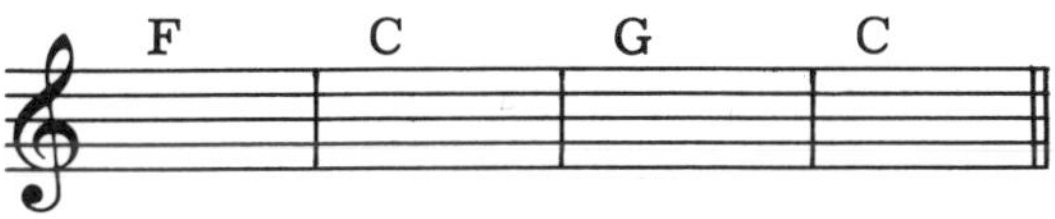

2. Der Herbst sagt den Hamstern
und Mäusen Bescheid.
Habt ihr genug Körner?
Es friert bald und schneit.

3. Der Herbst schickt die Vögel
weit über das Meer.
Ach, kommt doch im Frühling
zu uns wieder her!

4. Der Herbst, der hat Früchte
für alle bereit.
Bringt her eure Körbe
zum Erntefest heut!

5. Den Herbst mag ich leiden
mit Farben und Wind.
Bleib bei uns ganz lange,
dich mag jedes Kind!

Das Spiel von der Brücke

Ein Bächlein fließt den Berg hinunter,
schnell und schneller, 1–2–3.
So viel Wellen, flink und munter
sprudeln rasch vorbei.

Die linke Hand macht schlängelnde Wellenbewegungen von oben nach unten. Die linke Hand bildet danach eine „Brücke", über die textgemäß die einzelnen Tiere der rechten Hand hinübergelangen. Das Bärchen wippt auf der „Brücke" hin und her, bis die „Brücke" umkippt. Das Bärchen gelangt zappelnd ans Ufer. Dort schüttelt es sich kräftig, das „Wasser" aus seinem Pelz. Bei den letzten Zeilen hebt die „Brücke" mahnend den Zeigefinger.
Dieses Spiel kann man auch als Rollenspiel gut einsetzen.

Wie komme ich übers Wasser geschwind? –
denkt das kleine Schneckenkind.
Oh – da ist eine Brücke, welch ein Glück,
da kriech' ich hin und wieder zurück.

Wie komme ich übers Wasser geschwind? –
denkt das kleine braune Hasenkind.
Oh – da ist eine Brücke, ganz aus Holz,
da hoppel' ich einfach hinüber stolz.

Wie komme ich übers Wasser geschwind? –
denkt das fleißige kleine Ameisenkind.
Die Brücke ist fest, ist sie nicht naß,
da krabbel' ich rüber ins grüne Gras.

Wie komme ich übers Wasser geschwind? –
denkt das kleine braune Rehkitzkind.
Ich spring' einfach rüber – hat's da nicht gekracht?
Doch das hat dem Rehkitz nichts ausgemacht.

Wie komme ich übers Wasser geschwind? –
denkt das dicke braune Bärenkind.
Es trabt herbei und wippt und wippt,
da ist die Brücke einfach umgekippt.

Da hat das Bärchen gestrampelt und geschwommen
und ist sicher ans andere Ufer gekommen.
Kleiner, dicker Brummbär, hör mal her,
du bist für die Brücke leider viel zu schwer!

Fingerspiel von den Äpfeln

Der erste Apfel schläft hoch im Baum
und träumt einen tiefen Apfeltraum.
Den zweiten Apfel, wehe, wehe,
den packt die alte schwarze Krähe.
Den dritten Apfel, den pflückt sich der Klaus,
das gibt einen saftigen Apfelschmaus.
Den vierten Apfel, den packt sich der Wind
und wirft ihn weit ins Gras geschwind.
Den fünften Apfel, den pflücke ich mir,
ich reib' ihn ab und schenk' ihn dir.

Textgemäß bewegen sich die Finger der linken Hand, die rechte Hand spielt die Krähe, den Klaus, den Wind und das Kind selber.

Das Affenspiel

Der Spielleiter im Spielkreis führt eine bestimmte Bewegung aus, z. B. zeigt er eine lange Nase. Der Nachbar wiederholt die Bewegung und fügt eine neue hinzu, z. B. In-die-Hände-Klatschen oder Aufspringen. Reihum muß nun jeder Spieler den Bewegungsablauf wiederholen und eine neue Bewegung zufügen. Wer einen Fehler macht oder zu lange wartet, muß ausscheiden.

Grüne Lasagne „Frischer Kräutergarten“

Du brauchst:

2 Zwiebeln
2 Bund Suppengrün (z.T. aus dem Garten)
300–400 g gemischtes Hackfleisch
6 Eßlöffel Tomatenmark
Salz, Pfeffer, Oregano, Paprika
250 g fertige grüne Lasagneblätter
(wenn möglich, aus Vollkorn mit Spinat)
50 g Butter
50 g Mehl
¾ l Milch
150 g geriebenen Parmesankäse

Sucht euch für die grüne Lasagne eine Handvoll Löwenzahnblätter oder auch Spinatblätter aus dem Garten, wascht sie und schneidet sie klein. Mischt sie mit den kleingeschnittenen Zwiebeln und dem Suppengrün und bratet das Gemüse mit dem Hackfleisch in Öl an. Dann fügt ihr das Tomatenmark, Salz und Pfeffer hinzu. Laßt alles bei kleiner Flamme etwa ½ Stunde lang kochen.
Dann gebt ihr eine Prise Oregano und etwas Paprika zu.
Aus 50 g Butter, 50 g Mehl und ¾ l Milch bereitet ihr eine Bechamel-Soße. Ihr könnt auch zwei Tüten fertige Kräutersoße nehmen, die ihr mit ¾ l Wasser zubereitet.
Nun füllt ihr in eine gebutterte Auflaufform eine Schicht grüne Lasagneblätter; darüber gebt ihr einige Löffel Bechamel-Soße, das Fleischragout und geriebenen Käse.
Dies wiederholt ihr drei- bis viermal. Als letztes bedeckt ihr die Nudelschicht gut mit der Soße und streut noch Käse und Butterflocken darüber.
Bei etwa 180 ° backt ihr den Auflauf 30 Minuten. Vor dem Servieren schmückt ihr eure Lasagne mit Schnittlauch, Petersilie und Dill – quer durch den Kräutergarten!

Wir malen Bilder im September

Im September mal dem Drachen
schnell ein lustiges Gesicht!
Augen, Mund und rote Nasen,
und vergiß die Schleifen nicht!

Hast du auch die Sonnenblumen
gelb und braun am Zaun gemalt?
Goldene Septembersonne,
wie sie leuchtet, wie sie strahlt!

Mal nun Telegraphendrähte,
Schwalben drauf – acht, neun und zehn.
Morgen früh sind sie verschwunden,
wolln auf große Reise gehn.

Wir haben keine Langeweile

Kette aus Apfelkernen

Sicher backt Mutter jetzt oft einen saftigen Apfelkuchen.
Wenn ihr schöne braune Apfelkerne sammelt, könnt ihr daraus eine lange Apfelkette basteln. Ihr nehmt einen langen dünnen Faden und reiht mit einer Nähnadel die einzelnen Kerne auf. Wenn ihr sie mit Klarlack bepinselt, behalten sie lange ihren schönen Glanz.

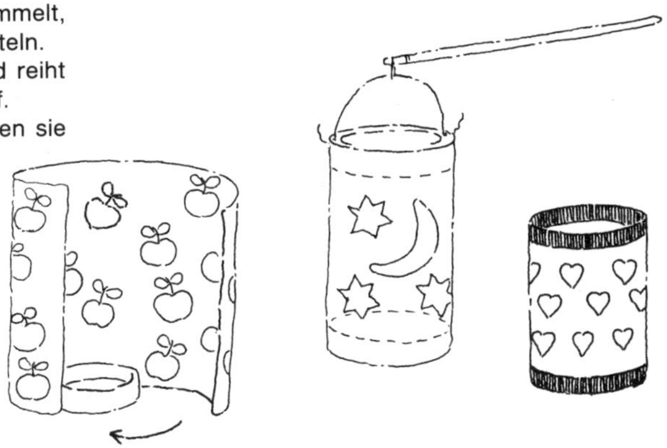

Laternen für den Umzug oder Tischlaternen

Material:
große oder kleine Käseschachteln
festes weißes Pergamentpapier
durchsichtige Klebefolie in verschiedenen Farben

Das Pergamentpapier nach der Größe der Käseschachtel ausschneiden. (Große Laterne: Umfang der Schachtel + 2 cm / Höhe ca. 23 cm. Tischlaterne: Umfang der Schachtel + 2 cm / Höhe ca. 15 cm).
Für die Ausgestaltung der Laterne auf die Papierseite der Folie Muster aufmalen, ausschneiden und auf das Pergament kleben. Kleinere Kinder können z. B. Streifen oder davon Quadrate abschneiden, größere Kinder z. B. Kreise, Monde, Sterne, Herzen oder Äpfel. Den so verzierten Pergamentbogen um den Boden und Deckel einer Käseschachtel herumkleben.
Für die Tischlaternen nur den Schachtelboden benutzen, zuvor den Rand auf 1,5 cm kürzen. Den oberen Pergamentrand mit einem 1,5 cm breiten Pappstreifen verstärken. *(G. Erhardt)*

Muster für Laternenpapiere

Mäuse-Mobile

Material:
1 schmaler Holzstab
gelbes und graues Tonpapier oder Fotokarton
schwarze Holzperlen (∅ 6 mm)
Aufhängefaden

Aus einem gelben Rechteck (ca. 9 × 7 cm) am Rand und in der Mitte Löcher ausschneiden, so daß ein „Käse" entsteht.
Für die Mäusekörper das Muster auf graues Papier übertragen, ausschneiden und die gestrichelten Linien falzen. Nun von der Spitze bis zum × den Innenrand mit Klebstoff bestreichen und das Gegenstück daraufkleben. Den Schwanz leicht über eine Schere ziehen. Bei den Ohren die Einschnitte vornehmen, die Spitzen übereinander schieben, ankleben und die überstehenden Ecken abschneiden. Die Ohren und die durchgesägten Perlen als Nase auf beide Seiten des Kopfes kleben. Augen mit einem Filzstift aufmalen. Käse und Mäuse mit Fäden in unterschiedlichen Höhen an einem Stab befestigen.

(G. Erhardt)

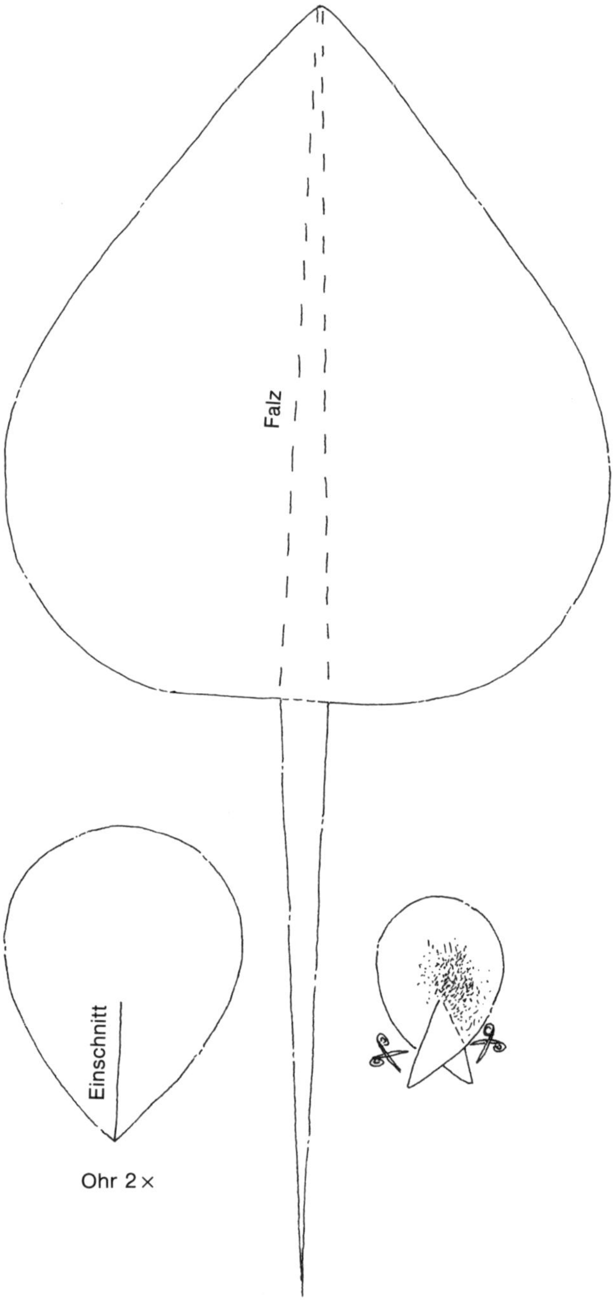

Wir beten und danken

Im September beginnt das neue Kindergartenjahr. Mir ist immer etwas bange vor dem ersten Tag! Werde ich meine liebe Erzieherin wieder bekommen? Ob mein Freund und meine Freundin auch wieder da sind? Lieber Gott, ich danke dir, daß ich gesund bin. Viele Kinder in der Welt würden sich freuen, wenn sie in einen so schönen Kindergarten gehen dürfen wie ich.

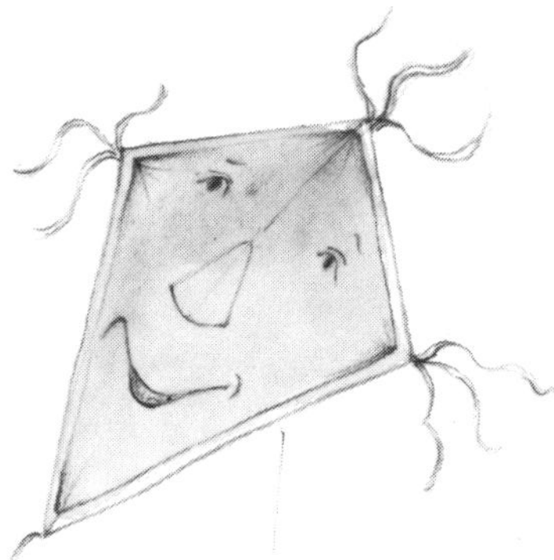

Danklied im September

Treibe unsre Luftballons
in die Herbstluft, lieber Wind!
Und laß auch die Drachen steigen,
schweben, flattern, hoch geschwind.

Und ich seh' hinauf sie steigen,
doch ich halte sie am Band.
Lieber Gott, du lenkst uns alle
Tag für Tag mit deiner Hand.

Oktober

Die Scheunen sind nun alle voll,
die Stoppelfelder leer.
Oktober läßt die Winde brausen,
schickt Sturm und Regen her.

Kartoffelfeuer zünden wir,
die Nächte sind schon kalt.
Wir lassen unsre Drachen steigen
hoch über Haus und Wald.

Wir fuhren reiche Ernte ein,
die Früchte auf dem Feld.
Laßt uns auch an die Brüder denken
in Gottes weiter Welt.

Alte Bauernregeln und Volksgut für den Oktober

Bringt Oktober schon Schnee und Eis,
ist's schwerlich im Januar kalt und weiß.

Scharren die Mäuse tief sich ein,
wird's ein harter Winter sein,
und viel härter wird er noch,
bauen die Ameisen hoch.

Oktober ist's – guckt die Maus aus dem Loch,
hat sie schon gefressen oder hungert sie noch.

Wenn im Oktober die Eiche noch ihr Laub behält,
so folgt im Winter strenge Kält'.

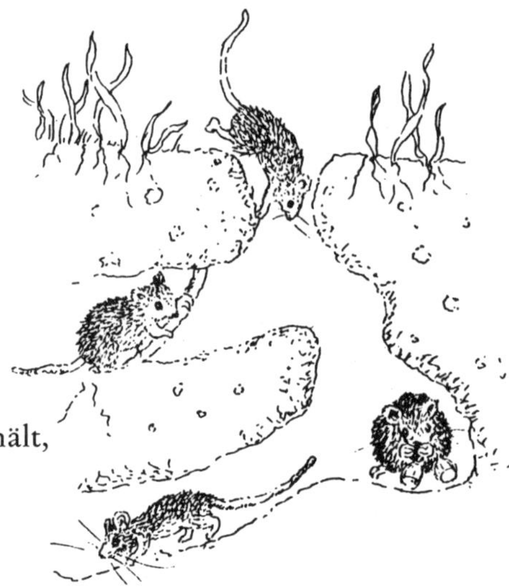

Monats- und Tierrätsel

Wer malt die Eichenblätter
und die Kastanien an?
Wer treibt die bunten Drachen
so hoch wie er nur kann?

(Oktober)

Habt ihr den braunen Gesellen entdeckt?
Schnell hat er die Nüsse und Körner versteckt.
Der Winter kommt mit Sturmgebraus,
die vollen Taschen schleppt er nach Haus.

(Hamster)

1–2–3 – süßer Igelbrei

Igelmutter eins – zwei – drei
rührt den dicken Igelbrei.
Rotes süßes Beerenmus,
Apfelbrei mit Zuckerguß.
Zwei – drei – vier,
Igelkind, komm her zu mir!
Drei – vier – fünf,
wo sind deine Strümpf?
Fünf – sechs – sieben,
wo sind die geblieben?
Sechs – sieben – acht,
die hab' ich dem Frosch gebracht,
in der kühlen Maiennacht,
hat er kalte Füße,
schickt dir schöne Grüße.
Sieben – acht – neun,
warm sind meine Beine,
warm sind meine Stacheln auch,
doch hungrig ist mein Igelbauch.
Apfelbrei, der ist gesund,
für den Igel, klein und rund.
Apfelbrei wird schmecken
hinter Busch und Hecken.
Acht – neun – zehn,
Igel will nun schlafen gehn.

Rätsel

Wer ist der starke Mann,
der Drachen heben kann?
Er bläst die Wäsche trocken,
die Hosen und die Socken.
Er treibt das Segelschiff
über Wellen, Klippen, Riff,
kann Mühlenflügel drehen,
die Wäsche trocken wehen,
auch von der Leine reißen,
die Blumentöpfe schmeißen.
An Dach und Pflaumen rütteln,
vom Baum die Äpfel schütteln.
An langen Drähten zausen,
über Stoppelfelder brausen,
im hohen Schornstein husten,
in Komposthaufen pusten,
über Feld und Wiesen fliegen,
die Birkenäste biegen.
Das alles, liebes Kind,
das kann doch nur der ...

(Wind!)

Der rote Drachen

Der Herbstwind fegt durch die kahlen Eichenäste. Er tobt über das graue Stoppelfeld. Er rüttelt an der Regenrinne und wirbelt die letzten Blätter hoch. Die Krähen schreien ihr „Kra, kra" in den dunklen Herbsttag hinein. „Das ist richtiges Drachenwetter!" sagt Vater. „Ich binde die Schnur fest, und dann könnt ihr raus aufs Feld laufen." Den Drachen haben die Kinder im letzten Jahr zusammen mit Vater gebastelt. Nur ein paar neue Schleifen binden sie an die lange Schnur. Kai läuft gegen den Wind, Brigitte hält die Drachenschnur vom Erdboden hoch. „Da – er steigt!" ruft Kai. „Das rote Drachengesicht flattert lustig im Wind, hebt sich über Dächer, Bäume. „Halt die Schnur gut fest!" ruft Kai. Immer höher steigt der Drachen. Nun tanzt er auf und ab bis zu den hohen Kastanienbäumen an der Straße und den alten Buchen. Dort sitzen die Schwärme der schwarzen Krähen. Zornig fliegen die ersten Vögel hoch; nun folgen auch die anderen. „Kra, kra", klingt ihr heiserer Schrei, „fort mit dir, du rotes Ungeheuer!" Plötzlich reißt eine Windbö den Drachen ein Stück seitwärts hoch und mitten hinein in die Krähenschar! Sie stieben auseinander. Da – eine Krähe hat er erwischt! Das Holzgestell schlägt gegen ihre Flügel. Sie stürzt ein Stück herab, fängt sich wieder, fällt tiefer und kann sich gerade noch vor dem Erdboden abfangen. Nun sitzt sie ganz benommen in der Ackerfurche vor den Kindern. Unsicher trippelt sie ein Stück vorwärts. „Geh nicht zu nah ran!" sagt Brigitte, „schau mal, sie hat solche Angst! Was für ein schönes glänzendes Gefieder sie hat und so blanke dunkle Augen! Und der breite Schnabel!" „Kra", ruft die Krähe leiser. Nach einer Weile scheint sie sich erholt zu haben. Sie hüpft ein bißchen vorwärts, spannt die Flügel, flattert hoch, und dann steigt sie mit kräftigem Flügelschlag höher und höher. „Das nächste Mal müssen wir aufpassen, daß wir mit dem Drachen nicht wieder in eine Vogelschar geraten!" sagt Dirk. „Was mögen die Angst gehabt haben vor so einem roten Drachengesicht!"

Drachenzeit

Gemäht sind die Felder, der Stoppelwind weht,
Hoch droben in Lüften mein Drachen schon steht,
die Rippen von Holze, der Leib von Papier,
zwei Ohren, ein Schwänzlein sind all seine Zier.
Und ich denk': So drauf liegen im sonnigen Strahl –
Ach, wer das doch könnte, nur ein einziges Mal!

Da guck' ich dem Storch in das Sommernest dort:
Guten Morgen, Frau Storchen, geht die Reise bald fort?
Ich blick' in die Häuser zum Schornstein hinein:
Papachen, Mamachen, wie seid ihr so klein!
Tief unter mir seh' ich Fluß, Hügel und Tal –
Ach, wer das doch könnte, nur ein einziges Mal!

Und droben, gehoben auf schwindelnder Bahn,
Da faß' ich die Wolken, die segelnden, an;
ich laß' mich besuchen von Schwalben und Kräh'n
und kann selbst die Lerchen, die singenden, sehn,
die Englein belausch' ich im himmlischen Saal –
Ach, wer das doch könnte, nur ein einziges Mal!

Victor Blüthgen

Sag mir, wer ist der schönste Baum?

Der Frühlingswind fegte durch den Obstgarten. Er rüttelte an den Zweigen. Die Äste ächzten, die Blätter raschelten. „Das hört sich fast so an, als ob die Bäume miteinander sprechen!" lachten die Kinder.
„Das tun wir auch!" flüsterte der Kirschbaum und streckte stolz seine Äste und die weißen Blüten dem Wind entgegen. „Seht ihr – ich blühe als erster! Meine Blüten sehen aus wie frischer Schnee! Ich bin der schönste von allen Bäumen! Und wenn erst die Kirschen reif werden! Kein anderer Baum trägt so süße

Früchte wie ich! Ich muß den Staren verbieten, ihre Nester bei mir zu bauen! Die Stare – das sind die schlimmsten Räuber!"

Der Birnbaum nickte. „Ich erlaube auch nicht, daß solch Gesindel sich bei mir einnistet. Die kleckern nur meine schönen gelben Birnen voll. – Bald werden meine dicken Knospen aufbrechen! So große, schöne weiße Blüten wie ich hat keiner von euch! Und es ist ja wohl auch keine Frage, daß ich die schönsten und süßesten Früchte trage! Fragt nur die Kinder! Die freuen sich jetzt schon auf meine süßen saftigen Birnen!"

„Na, Apfelbaum, du sagst ja gar nichts!" wandte er sich an seinen Nachbarn. „Du wirst wohl wieder so harte wurmstichige Äpfel tragen, die keiner essen mag. Und schöne weiße Blüten hast du auch nicht!"

„Wartet nur!" sagte der Apfelbaum leise, „stört nicht die Amseln und Stare! Die sind gerade dabei, bei mir ihre Nester zu bauen".

„Schön dumm!" lachte der Kirschbaum. „Du mit deiner Gutmütigkeit!"

Eines Morgens stand der Apfelbaum in voller Blüte. „Schaut mal!" riefen die Kinder, „das ist der Schönste von allen. Ganz zarte rosa Blüten hat er!"

Die Bienen summten um die Apfelblüten. Die Stare und Amseln pickten die Blattläuse und Raupen fort. Die Apfelzweige schwankten und wiegten sich hin und her und zitterten im leisen Wind. „Na wartet nur, wenn meine Kirschen erst reif werden!" rief der Kirschbaum zornig. „Und erst meine Birnen!" knarrte der Birnbaum.

Der Sommer kam heran. Die Kirschen wurden reif. In ein paar Tagen hatten die Stare und die Kinder alle die süßen Früchte abgeerntet. Nur ein paar saure kleine Kirschen hingen noch ganz oben in den Zweigen. „Nun muß ich wieder ein ganz langes Jahr warten", seufzte der Kirschbaum. „Bald bin ich ganz kahl!"

Der Herbst kam heran. Die Kinder stiegen auf die Leiter und pflückten die Birnen ab. Die letzten riß der

Herbststurm von den Zweigen. „Nun bin ich kahl und häßlich!“ klagte der Birnbaum. „Wie schnell ein Jahr doch um ist!“

Der Apfelbaum hatte in diesem Jahr viele kleine rote Äpfel in seinen Zweigen hängen. „Oh – davon können wir Apfelkuchen backen und Apfelmus und Apfelsaft kochen!“ lachte die Mutter. „Und die schönsten Äpfel heben wir auf! Davon können wir in der Adventszeit kleine Apfelmännchen basteln. Bratäpfel können wir schmoren! Und die allerschönsten Äpfel hängen wir an den Tannenbaum!“

Der Herbstwind rüttelte in den Zweigen und riß die letzten Blätter der Obstbäume ab. „Mir macht das gar nichts aus, wenn ich kahl bin!“ sagte der Apfelbaum. „Ich merke ja schon, daß meine Knospen sachte anfangen, wieder zu wachsen. Vielleicht schneidet jemand im Dezember am Barbaratag wieder einen Knospenzweig ab und stellt ihn ins warme Zimmer. Dann kann er in den Weihnachtstagen blühen und sieht meine schönen roten Äpfel im Kerzenlicht schimmern!“

Wie die Bäume ihre Sprache verloren

Wenn wir ganz feine Ohren hätten, dann würden wir wahrnehmen, daß viele Lebewesen um uns herum nicht stumm sind, sondern ihre eigene „Sprache“ haben.

Wußtet ihr, daß auch die Fische sich miteinander verständigen können?

Vielleicht könnten wir auch wahrnehmen, wie im Frühling der Saft aus den Baumstämmen hochsteigt, wie die Knospen im Knospenblatt sich zu regen beginnen, daß ein Baum klagt, wenn er gefällt wird.

Ein altes Indianermärchen erzählt, daß die Bäume früher richtig sprechen konnten.

Den Menschen wurde es schwer ums Herz, wenn sie hörten, wie die Bäume weinten und jammerten, wenn sie einen Ast abbrachen oder einen Baumstamm absägten. Und nicht nur der eine verletzte Baum jammerte, nein, die Nachbarbäume ringsum stimmten in den Klagegesang ein.

Jahr um Jahr sind wir gewachsen,
seht die vielen Ringe an!
Gute und auch böse Tage
euch der Stamm verraten kann.

Laßt uns Bäume weiterwachsen,
schenkt uns unsrer Wurzeln Saft,
laßt uns treiben, blühen, reifen,
spürt in uns des Schöpfers Kraft.

Die Menschen ertrugen die Klagelieder der Bäume nicht länger. Sie gingen zur Sonne und sprachen:

Du hast Bäumen Kraft gegeben,
und du schenkst auch uns das Leben.
Doch wir wollen Häuser bauen,
unsre Kanus, unsre Schiffe,
Wellen, Wind und Meer vertrauen.
Tische, Stuhl und Bänke zimmern,
Tag und Nacht ertönt das Wimmern,
wenn wir unsre Hände regen.
Solln wir in den Schoß sie legen?
Wehgeschrei an jedem Ort!
Nimm dem Baum die Sprache fort.
Sonne – hör uns Menschen an,
niemand das ertragen kann!

Doch die Sonne erfüllte die Bitte der Menschen nicht. Sie hörte es gern, wenn die Bäume in den Sommertagen fröhlich ihr Lied sangen, wenn die Sonnenstrahlen durch die Blätter schimmerten.
Und sie lauschte gern den getragenen Weisen im Herbst, wenn die Bäume den scheidenden Blättern ein Abschiedslied sangen und die letzten Sonnenstrahlen durch die Blätter tropften.

Aber eines Tages wurde die Sonne zornig über die Bäume.
Als die Bäume zu Anbeginn der Welt ihre Blätter bekommen hatten, waren alle damit zufrieden gewesen. Nur die Kiefern, die Tannen und die Fichten beschwerten sich. Sie hatten spitze Nadeln bekommen, die im Herbst abfielen wie die Blätter der anderen Bäume.
Aber die Nadelbäume sagten zur Sonne:

Sieh doch unsre Blätter an,
jeder sich dran stechen kann.
Blätter schenk uns, sanft und weich,
wie sie keinen andern gleich.

Da verwandelte die Sonne ihre spitzen Nadeln in weiche Blätter aus reiner Seide.
Aber als der erste Regen kam, weichte er die seidenen Blätter völlig auf. Ganz schlaff und träge hingen sie herunter.

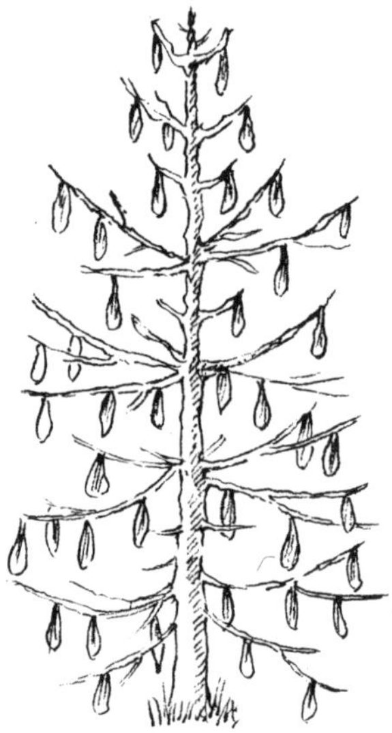

Sieh doch unsre Blätter an,
weh dem bösen Regenmann!
Diese Blätter sind zu weich,
gib uns neue Blätter gleich!

klagten die Bäume.
Die Sonne hatte Mitleid mit ihnen und schenkte ihnen Blätter aus reinstem Kristall.
Aber als der erste Windzug durch die Äste fuhr, zerbrachen die Blätter. Aber die Sonne sprach:

Klagelieder – Klagelieder,
Spitze Nadeln kriegt ihr wieder!
Spitze Nadeln her geschwind!
Bleibt am Ast bei Schnee und Wind!

So mochte die Sonne die Klagen der Kiefern, Fichten und Tannen nicht mehr hören. Und damit auch die anderen Bäume sich nicht bei ihr beschweren konnten, machte sie alle Bäume stumm.

Bis auf den heutigen Tag können wir nicht mehr ihre Sprache hören. Vielleicht vernehmen wir noch ein wenig vom Lied der Bäume, wenn die Winde durch die Äste streichen.

Wie die Blätter im Herbst ihre bunten Farben bekamen

Bei den Indianern erzählt man sich folgendes Märchen:
Es ist schon sehr, sehr lange her. Die Erde war jung, überall grünte und blühte es. Taufrisch und grün waren die Gräser und Blätter das ganze Jahr über wie bei uns in den Maitagen.
Warm und golden leuchtete die Sonne vom Himmel herab. Kein kühler Herbstwind riß die Blätter von den Bäumen, kein kalter Nachtfrost hauchte seinen tödlichen Atem über die Blütenkelche.
Da machte sich der Mann auf den Weg nach Norden. Dort schien die Sonne schwächer. Sie stand nicht mehr hoch über ihm in strahlender Kraft. Sie hob nur ein wenig ihr goldenes Angesicht über den Horizont und ging früher unter.
Aber sie tauchte Blüten und Pflanzen und Blätter in ein vielfarbiges Licht.
Und in der Ferne sah er die Spitzen der hohen Berge in weißen Schnee gehüllt.
Am schönsten und buntesten aber waren die Blätter der Bäume. Der Mann konnte sich nicht sattsehen. Er strich über die roten und braunen Adern der Blätter und meinte, noch nie solche schönen Farben gesehen zu haben.
Er kehrte in sein Dorf zurück und erzählte den Menschen:

Hoch im Norden liegt ein Land,
wo ich die schönsten Farben fand.
Blätter gemalt in rot, gold und braun,
wie die Sonne glänzend anzuschaun.
Das sprüht aus den Ästen, leuchtet und strahlt,
scheint wie von Zauberhand gemalt.

Aber die Menschen im Dorf lachten ihn aus und riefen:

Wie kannst du erfinden, wie kannst du lügen,
woher solln die Blätter die Farben kriegen?
Seit eh und je sind Blätter grün,
du kannst es an jedem Baume sehn.

Der Mann wurde zornig und rief: „Macht euch doch selber auf den Weg weit nach Norden und schaut euch die bunten Blätter dort an!"
Aber dazu konnte er die Leute im Dorf nicht überreden.
Der Mann aber zog wieder hinaus in die Ferne, in den Norden. Er blieb lange aus, und die Menschen im Dorf hatten ihn vergessen.
Eines Tages kreiste ein prächtiger bunter Vogel über dem Dorf. Er trug in seinem Schnabel einen Zweig mit gelben, roten und braunen Blättern. „Schaut doch!" riefen die Leute. „Der Mann hat doch nicht gelogen. Es gibt irgendwo in der Welt Bäume mit so herrlichen Farben!"

Der Vogel flog niedriger, krächzte, als ob er sie auslachen wollte und warf den Zweig in die Krone eines Baumes.
Und siehe da – die grünen Blätter wurden rot, braun und gelb.
Und seit dieser Zeit verfärben sich die Blätter der Bäume im Herbst und fallen bald darauf ab.
Kahl und dunkel stehen die Äste, wenn die Winterstürme über das Land brausen.

Lied von den Regentropfen

Text: Barbara Cratzius
Melodie: Paul G. Walter

2. Plitsch und platsch
und titsch und tatsch.
Laßt uns schnell nach draußen flitzen,
denn da gibt's die besten Pfützen.

3. Plitsch und platsch
und titsch und tatsch,
laßt uns trampeln, patschen, spritzen,
feuchte Hosen, nasse Mützen.

4. Plitsch und platsch
und titsch und tatsch.
Matschfiguren wolln wir kleckern,
wehe, wenn die Nachbarn meckern!

5. Plitsch und platsch
und titsch und tatsch,
und wir holen unsre Schiffe,
bauen Dämme, bauen Riffe.

6. Plitsch und platsch
und titsch und tatsch,
aus ist's mit den Flüssen, Meeren,
warum muß bloß Mutter stören!

Bimmel, bammel, bommel

Bimmel, bammel, bommel,
der Igel schlägt die Trommel
laut auf dem dicken Igelbauch,
und schnaufen kann der Igel auch.
In der Nacht
da ist er aufgewacht.

Bommen, bammen, bimmen,
der Igel kann gut schwimmen.
Die schwarze Schnauze vorgestreckt,
die Trippelfüße langgereckt.
In der Nacht,
da ist er aufgewacht.

Bindern, bundern, bandern,
der Igel mag gern wandern,
vom Erdbeerbeet zur Kellertür,
kommt er heut abend auch zu mir?
In der Nacht,
da bin ich aufgewacht.

Bieren, bahren, bohren,
er hat ganz gute Ohren,
hört Falterflug und Mückentanz,
den Käferschritt, den Mäuseschwanz.
Doch am Tag,
er lange schlafen mag.

Ein Kind sitzt in der Kreismitte und spielt die Igelbewegungen vor. In der letzten Strophe trippelt der Igel zu einem Kind und tippt es vorsichtig an. Nun darf dieses Kind den neuen Igel spielen.

Wer bin ich wohl?

Jeweils zwei Kinder aus einer Kindergruppe sitzen im Kreis. Sie haben sich in zwei Tiere verwandelt und rufen:

Hokus, pokus, fidibus,
wer sind wir wohl? Wer knackt
die Nuß?

Nun beschreiben die Kinder ihre Tiere abwechselnd jeweils in einem Satz. Es darf dabei aber nicht zuviel verraten werden, z. B.:

Katze: Ich hab' einen langen Schwanz.
Maus: Ich hab' auch einen langen Schwanz.
Katze: Ich hab' ein schönes weiches Fell.
Maus: Ich hab ein weiches graues Fell.
Katze: Ich mag nicht gern im Wasser planschen.
Maus: Ich lauf' auch lieber durchs Gras.

Dasjenige Kind, dessen Tiernamen zuletzt geraten wurde, bekommt einen Pluspunkt.

Spiellied: Rechts und links

Komm, mein bunter Kasperle
schüttel deine Glieder.
Rechts der Arm,
links der Arm,
immer, immer wieder.

Komm, mein bunter Kasperle
schüttel deine Glieder.
Rechts die Hand,
links die Hand,
immer, immer wieder.

Komm, mein bunter Kasperle
schüttel deine Glieder.
Rechts das Bein,
links das Bein,
immer, immer wieder.

Komm, mein bunter Kasperle
schüttel deine Glieder.
Rechts der Fuß,
links der Fuß,
immer, immer wieder.

Komm, mein bunter Kasperle,
zeig uns deine Ohren.
Rechts ein Ohr,
links ein Ohr,
du hast keins verloren.

Komm, mein bunter Kasperle,
zeig die Nase mir.
Rechts ein Loch,
links ein Loch,
alles ist noch dran bei dir!

Komm, mein bunter Kasperle,
zeig dein Mündchen mir.
klein dein Mund,
rund dein Mund
und ich schenk ein Küßchen dir.

Bei diesem Spiellied werden die Begriffe „rechts und links" eingeübt. Das Spiel kann ausgedehnt werden, indem man dem Kasper verschiedene Gegenstände in die Hand gibt, z. B. rechts ein Löffel ..., links ein Handschuh ... usw.

Fingerspiel von den Kartoffeln

Fünf Buben sind zum Acker gerannt,
Kartoffeln buddeln mit fleißiger Hand.
Der erste steckt den Spaten rein.
„Wie kann die Erde so hart nur sein!"
Der zweite packt an beim Kartoffelstrauch,
da rutscht er aus und fliegt auf den Bauch.
Der dritte, der hackt mit der Hacke schwer.
„Ich finde keine Kartoffeln mehr!"
Der vierte ruft: „Ich geh' nach Haus,
wir holen doch keine Kartoffeln raus!"
Und der fünfte? Der kleine Mann,
der gräbt und gräbt, schau den mal an!
Der holt einen großen Korb herbei,
da essen sie alle Kartoffelbrei.

Kleines Spiel zum Erntedankfest

Alle — Das Kornfeld ist nun abgemäht,
wir bringen die Ähren, kommt und seht.
Gott hat die Ernte wohl bestellt,
wir tragen die Garben her vom Feld.

1. Kind: Dort, wo die gute Gerste steht,
ihr weißer Bart im Winde weht.
Ich bringe die Gerste, schaut sie an,
die Mutter draus Grütze kochen kann.

Alle — Wir danken dir, Herr, für alle Gaben,
die wir von dir empfangen haben.

2. Kind: Dort, wo die Haferhalme stehn,
viele kleine Glöckchen im Winde wehn.
Ich trage den Hafer, den guten, herbei,
er schenkt seine Kraft uns täglich neu.

Alle — Wir danken dir, Herr, für alle Gaben,
die wir von dir empfangen haben.

3. Kind: Dort, wo die Roggenähren stehn,
viele schlanke Halme im Winde wehn.
Aus Roggen backt der Bäcker uns Brot,
und haben wir dieses, so gibt's keine Not.

Alle — Wir danken dir, Herr, für alle Gaben,
die wir von dir empfangen haben.

4. Kind: Dort, wo die Weizenähren stehn,
viele goldgelbe Körner im Winde wehn.
Die Mutter backt uns Brötchen daraus und Kuchen,
die wollen wir alle bald versuchen.

Alle — Wir brachten die Ähren her vom Feld
Gott hat die Ernte wohl bestellt.
Wir wollen ihm singen und danken.

Erntedankspiel von Sonne, Wind und Regen

Dieses kleine Erntedankspiel von Sonne, Wind und Regen ist für die Jüngsten gedacht, die pantomimisch die Bewegungen mitmachen können. Die bekannte Kindermelodie „Häschen in der Grube" erleichtert das Mitsingen der Zwischenverse.

Die Sonne kann einen weiten gelben Umhang, eventuell einen Strahlenkranz, tragen. Der Wind bekommt einen grauen, der Regen einen blauen Umhang.

Lied: (Melodie: „Häschen in der Grube")

Hört, wir wollen singen
von Sonne, Regen, Wind.
Ihr treuen drei Gesellen,
wir warten, kommt geschwind.

Die Sonne tritt in den Kinderkreis und spielt die Sonnenpantomime vor, die alle Kinder mitmachen.
1. Großen Sonnenkreis mit den Händen beschreiben, Rücken, Arme, streicheln.
2. Alle Kinder ducken sich hin und wachsen langsam aus ihrem Wurzelhaus in die Höhe.

Sonne: Ich bin die Sonne,
ich scheine so warm.
Ich mach euch ganz braun
den Rücken, den Arm.
Ich lock aus der Erde
die Pflanzen heraus.
Nun reckt euch, nun streckt euch
in eurem Wurzelhaus.

Lied: Alle grünen Triebe
reckt euch hoch heraus.
Wachst dem Licht entgegen
im dunklen Wurzelhaus.

Die Kinder ahmen mit den Fingern das Tröpfeln der Regentropfen nach.

Regen: Ich bin der Regen,
ich regne ganz sacht.
Ich mache feucht die Erde
in milder Frühlingsnacht.
Ich gieße die Pflanzen
im Garten und im Feld,
so wie es dem Schöpfer
der Erde gefällt.

Lied: Alle grünen Triebe
trinkt euch nun satt!
Wurzeln, Halme, Zweige
und jedes grüne Blatt.

Die Kinder ahmen das wilde Stürmen und das sanfte Wehen des Windes nach. Sie wiegen sich als Kornähren hin und her.

Wind: Den Blütenstaub trag ich ganz geschwind
von Blüte zu Blüte,
ich bin der Wind.
Ich blase ganz wild,
dann wehe ich sacht.
Ich wiege die Halme
in warmer Sommernacht.

Lied: Alle grünen Triebe
tanzt nun hin und her
Im Frühlingswind, im Sommerwind,
im Herstwind, mehr und mehr.

Nun treten die Kinder aus dem Kreis an den Erntetisch und bringen ihre Gaben (Kartoffeln, Korn, Blumen). Zum Abschluß singen sie das Lied Seite 42 oben.

Lied: Sonne, Wind und Regen,
wir danken euch heut sehr.
Gott, der Herr, er schickte euch
aus Liebe zu uns her.

Für alle Erntegaben,
für Korn, für Frucht vom Feld.
Für alles, was wir haben,
Hab Dank, du Herr der Welt.

Wir bringen unsre Gaben,
wir tragen sie heut gern.
Seht her, die reiche Ernte,
wir danken Gott, dem Herrn.

Bastelideen, die wenig kosten

Kastanien-Spinne

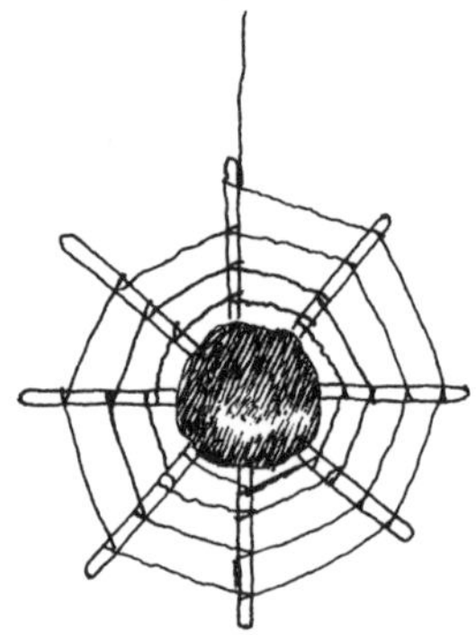

Wir malen Bilder im Oktober

Malt den Bäumen bunte Blätter,
sammelt sie, gelb, rot und braun.
Damit könnt ihr drucken, kleben,
lustig ist das anzuschaun!

Und der Herbstwind, dieser freche
treibt es manchmal gar zu dumm,
reißt die Hüte von den Köpfen,
wirbelt sie ganz wild herum.

Dreht den Hahn hoch auf dem Kirchturm,
Schirm und Drachen treibt er weit,
bläst in die Kartoffelfeuer:
Herbstwind, das ist deine Zeit!

Windmühle

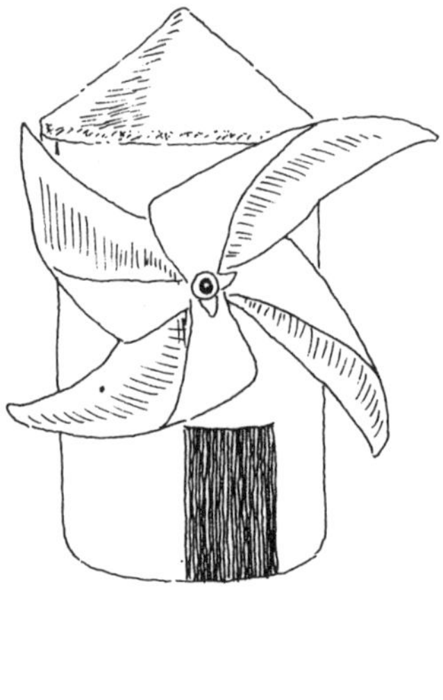

Material:
1 große Kastanie
Bohrer oder dicker Nagel
8 Streichhölzer ohne Kopf
Wollfaden

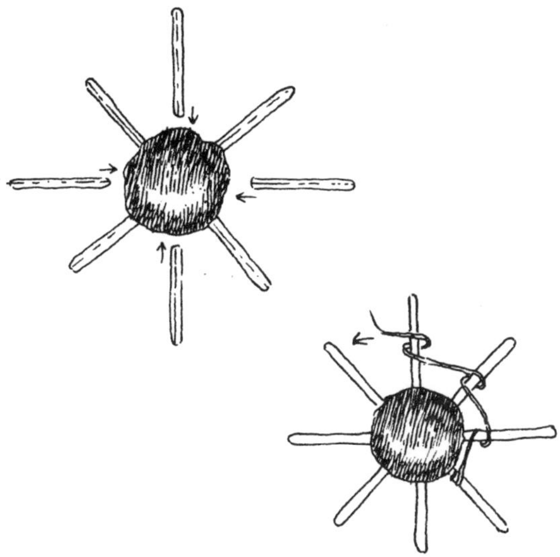

In eine große Kastanie mit dem Bohrer zunächst 4 Löcher so bohren, daß die hineingesteckten Streichhölzer eine Kreuzform bilden. Dann in die Zwischenräume 4 weitere Löcher bohren und mit Streichhölzern bestecken, jetzt hat die Spinne 8 Beine.

Einen Wollfaden dicht an der Kastanie an einem Bein anknoten und festkleben. Nun den Faden um jedes folgende Bein einmal herumwickeln und stramm ziehen. Spiralförmig windet sich der Faden bis zum Ende der Streichhölzer.

Hält man das Fadenende hoch, krabbelt die Spinne herunter. Neu aufgewickelt, kann das Spiel wieder von vorne beginnen.

(G. Erhardt)

Material:
Toilettenpapier, Tonpapier
1 Stecknadel mit Glaskopf
2 kleine Holzperlen, Korkenstück

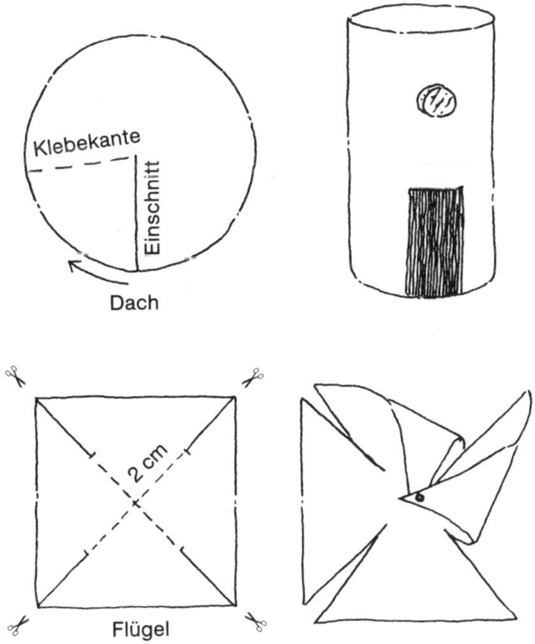

Zunächst die Rolle mit Papier bekleben und mit Tür und Fenstern ausgestalten. Über der Tür ca. 3 cm vom oberen Rand ein 1 cm dickes Korkstück ankleben.

Für das Dach einen Kreis (∅ 8 cm) bis zum Mittelpunkt einschneiden, die Schnittkanten so weit übereinanderschieben bis der entstandene Kegel auf die Papprolle paßt und zusammenkleben. Nun den oberen Rand der Rolle mit Klebstoff bestreichen, das Dach aufsetzen und festkleben.

Für die Flügel ein Quadrat (8 × 8 cm) in den Diagonalen falten und bis 2 cm vor dem Mittelpunkt einschneiden.

Auf die Stecknadel erst eine Perle schieben, dann nacheinander die 4 Punkte der Ecken zur Mitte biegen und auf die Nadel fädeln.

Die Nadel durch den Mittelpunkt auf die Rückseite stecken, eine weitere Perle aufschieben und in der Korkscheibe am Windmühlenhaus befestigen.

(G. Erhardt)

Transparentbilder

In Bastler-Läden bekommt ihr transparente Plastikfolien im DIN-A-4-Format. Von diesen braucht ihr zwei Stück, die aufeinandergelegt werden. Dazwischen legt ihr ein weißes Transparentpapier oder Butterbrotpapier, das mit gepreßten Herbstblättern beklebt wird. Hierzu eignen sich Blätter, die nicht zu dick sind, so daß man die Blattadern möglichst gut erkennen kann. Die Kanten des Transparentes umklebt ihr mit 19 mm breitem grauen Klebeband, das ihr an den Ecken abschrägen könnt.

(A. Schulz)

Laterne mit Seidenpapierblüten

Du brauchst
Käseschachtel oder 2 Pappscheiben
Pergamentpapier, Seidenpapier
Schere, Klebstoff, Lineal und Stift

Der Pergamentpapierstreifen soll ca. 52 cm lang und ca. 25 cm hoch sein. Aus dem Seidenpapier schneidest du 3 cm breite und 10 cm lange Streifen zu, die an den Enden abgerundet werden. Pro Blüte benötigst Du drei solcher Streifen. Jeden Streifen in der Mitte raffen und einmal verdrehen. Die Streifen ver- setzt übereinander zusammenkleben. Ein Stück geknülltes Seidenpapier wird in die Mitte geklebt.
Die Blüten auf dem Pergamentpapier verteilen und festkleben.
Achtung: Die Blüten zeigen beim Zusammenkleben der Laterne unbedingt nach außen.

(U. Weber)

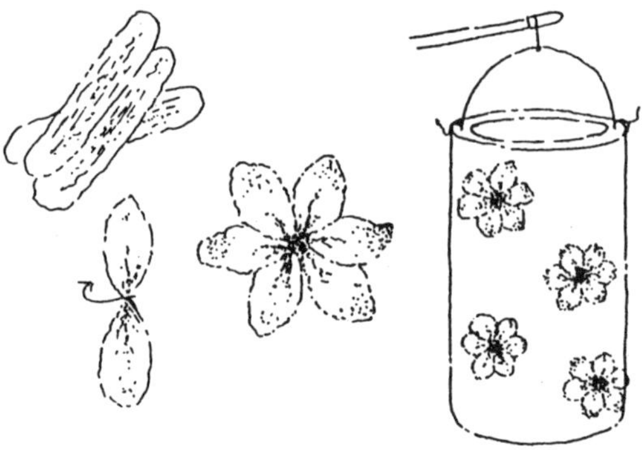

Beerenspeise „Bärenstark"

Ihr braucht:

1½ Pfd Beeren der Saison,
z. B. Johannisbeeren, Brombeeren,
Stachelbeeren, Heidelbeeren
100 g Haselnüsse
100 g Walnüsse
350 g Quark
6 Eßlöffel Honig
7 Eßlöffel Ursüße
3 Eier
1 l Milch
etwas Vanillepulver

Ihr röstet die Nüsse in der Pfanne kurz an und mahlt sie. Dann rührt ihr den Quark mit dem Honig und den Eiern glatt. Nun fügt ihr das mit der Milch glattgerührte Soßenpulver zu.
Ihr streicht eine Auflaufform mit Butter aus und füllt schichtweise die Quarkmasse, das Obst und die Nüsse ein.
Die letzte Schicht bildet der Quark.
Ihr backt den Auflauf bei 180° etwa 40 Minuten.
Mit einigen frischen Früchten verziert ihr den Auflauf.
Auch ein Muster aus Walnüssen sieht hübsch aus.

Am Sonntag gehn die Bären aus,
heraus aus ihrem Bärenhaus.
Sie wolln vom Honig schlecken!
Die süßen Früchte schmecken.
Und „bärengesund" ist auch der Quark
von unserm leckren „Bärenstark".
Wer leckt den letzten Löffel leer?
Ich glaub', das schmeckt euch wohl nach *mehr!*

Wofür wir Gott danken

Im Oktober lassen wir so gern unsere Drachen steigen.
Höher und höher fliegen sie.
Lustig baumeln die Schleifen im Herbstwind.
Ich mag auch so gern auf den Apfelbaum klettern
und den Korb voll süßer reifer Äpfel pflücken.
Durch das bunte Herbstlaub schimmert die Sonne.
Mutter will morgen einen süßen Apfelkuchen backen.
Darauf freue ich mich schon.
Lieber Gott, die Zeit der Ernte ist gekommen.
Wir danken dir für deine guten Gaben,
die du uns jedes Jahr von neuem schenkst.

Danklied im Oktober

Kommt, wir wollen Äpfel pflücken,
unser Korb ist voll und schwer,
und dann laufen wir nach Haus,
holen unsern Drachen her.

Bunter Drachen, flieg nicht fort,
schwebe, tanze übers Land.
Ich halt' dich in meinen Händen,
und uns schützet Gottes Hand.

November

November, der ist kalt und naß,
es regnet immer mehr.
Dann öffnet er den grauen Mantel
und schickt uns Nebel her.

Der Igel kriecht ins warme Laub
und läßt das Schnaufen sein.
Die Füchse kriegen dicke Pelze,
der Maulwurf gräbt sich ein.

Hatschi, hatschi, werd bloß nicht krank,
denn nun ist Schnupfenzeit!
Doch wenn ich warm im Bett dann liege,
seh' ich ein Licht von weit.

Monats- und Tierrätsel

Wer sagt zu Dachs und Hamster:
Marsch! In den Bau hinein!
Ich komm' mit Frost und Nebel,
seid still und schlaft schnell ein! (November)

Er mag sich tief im Laub verstecken,
Schnecken und Würmer und Mäuse ihm schmecken.
Und hört er den Bello, dann rollt er sich ein,
das kann doch der stachlige ... nur sein. (Igel)

Alte Bauernregeln und Volksgut für den November

November im Schnee
bringt viel Korn und Klee.

Wenn auf St. Leonhard Regen fällt,
ist's mit dem Weizen schlecht bestellt.

Am St. Martinstag naß und kalt
wird die Frucht teuer bald.

Die Gans, die schwitzt im Ofenrohr,
guckt an St. Martin die Sonne vor.

Zwischen Allerseelen und Christtag
es regnen und stürmen mag.

Eine Schatzkammer unter dem Kastanienbaum

Huhu – heult der Herbstwind durch den Park. Er reißt die Blätter von den Bäumen. Er fegt den Leuten die Hüte von den Köpfen. Petra hat eine dicke Wollmütze auf. Sie will mit Mutter Kastanien und Eicheln sammeln. So schöne Tierchen und lustige Zwerge kann sie damit basteln. Wieder fegt ein Windstoß durch die Äste. Plumps – die stachligen grünen Kastanienigel rollen ihr vor die Füße. Plötzlich knackt es in den Zweigen! Ein Tier, rot, mit buschigem Schwanz, springt geschickt von Zweig zu Zweig. Mit einem langen Satz fliegt es hinüber zu der großen Tanne. Ganz deutlich kann Petra erkennen, wie das Tier einen langen Tannenzapfen in den Pfoten hält und daran knabbert. „Mami, das ist mein erstes richtiges Eichhörnchen!“ freut sich Petra. „Ich hab’ es bis jetzt nur im Bilderbuch gesehen.“ „Sei leise“, flüstert Mutter, „dann kommt es vielleicht näher heran! Schau mal, der alte Herr dort auf der Bank. Der kommt jeden Nachmittag hierher mit einer Tüte Nüsse.“ Jetzt hat das Eichhörnchen seinen alten Freund entdeckt. Es sichert vorsichtig nach allen Seiten. Dann hüpft es geschickt von Ast zu Ast tiefer, läuft ein paar Schritte über den Rasen und springt mit einem hohen Satz auf die Parkbank. Da liegen verlockend die Haselnüsse und Bucheckern bereit. Wupp, wupp, packt das Eichhörnchen die leckere Beute mit den scharfen Zähnen, und schon ist es hinter dem dicken Kastanienbaum verschwunden. Es scharrt im raschelnden Laub. „Das ist eins seiner Winterverstecke!“ flüstert Mutter. „Paß nur auf, es holt sich bestimmt noch mehr Nüsse!“

Diesmal vergräbt das Eichhörnchen seinen Schatz neben der hohen alten Tanne. „Wenn es vor Weihnachten bloß alle seine Nüsse wiederfindet!“ denkt Petra. „Ich hab’ gar nicht gewußt, daß es so viele Schatzkammern hier im Park gibt!“

Die Geschichte von der ängstlichen kleinen Eule

Ganz dunkel war es im Wald. Oben in der alten Eiche hatte die Eule in einem Astloch ihr Nest gebaut. Drei Eulenkinder waren aus den Eiern geschlüpft. Die beiden älteren waren mutige kleine Nachteulen geworden. Sie warteten nur darauf, daß die Sonne endlich hinter den Bergen verschwand und die Dämmerung hereinbrach. Dann rollte der Mond langsam über die Wipfel der Tannen hoch und brummte sein Nachtlied:

Kleine Eulen, aufgewacht,
nun beginnt die dunkle Nacht.
Wenn die Sterne golden ziehn,
seh' ich eure Augen glühn.

Darum saßen die beiden älteren Eulen, Schleierauge und Spitzkralle, schon längst am Nestrand. Nur das jüngste, das Federbüschlein, hatte noch seine Augendeckel zu. „Schlafen", flüsterte er, „laßt mich schlafen, macht nicht solchen Lärm im Nest. Ihr wißt doch, daß ich Angst habe vor der dunklen Nacht!" „Du dummes kleines Federbüschelchen", schimpfte die alte Eule, „glaubst du, ich hab' Lust, dir jede Nacht deinen Schnabel vollzustopfen? Geh endlich allein auf die Jagd und lern Mäuse fangen! Schau deine Geschwister an! Die können es fast schon so gut wie ich!"
„Schlafen!" heulte das jüngste Eulenkind und klappte seine glühenden Augen gleich wieder zu. „Ich will am Tag fliegen wie die Raben und die Meisen und die stolzen Adler! Die Nacht ist dunkel und gefährlich. Ich werde mich an jedem Ast stoßen! Nein, ich will bei Tag fliegen!"

Da wurde der gute alte Mond ganz ärgerlich. Er schimpfte:

Sonne brennt die Augen aus!
Komm heraus aus deinem Haus,
wenn die Sterne golden ziehn,
dann laß deine Augen glühn!

Aber die kleine Eule kuschelte sich nur tiefer in das Astloch hinein.
Schleierauge und Spitzkralle huschten lautlos zwischen den Bäumen hindurch. Sie übten das Steigen und Fallen; sie schwangen sich durch die Zweige und hockten sich auf den Zaun am Waldrand. Mit ihren guten Ohren horchten sie auf jedes Geraschel. Schu-schu – schon hatte Schleierauge eine kleine Maus in ihren Fängen, und Spitzkralle schnappte sich einen unvorsichtigen Nachtfalter.
Der Nachtwind strich durch die Äste. „Wo ist Federbüschlein?" rief er. „Er sollte doch längst mit euch jagen!"

Das faule Bürschlein hockt im Nest,
da schläft er wieder tief und fest.
Die Nacht ist schön, das weiß er nicht,
er hat nur Angst, der faule Wicht.

schimpften die älteren Geschwister.
Der Nachtwind pustete vorsichtig in den Bau hinein. „Wach auf, du kleine Schlafmütze!" rief er. „Hast du noch gar nicht bemerkt, wie schön es in der Nacht im Wald ist? Die Glühwürmchen haben ihre Laternen herausgestreckt, die Nachtfalter schwirren. Und die schwarzen Schnecken ziehen auf den feuchten Wiesen ihre Spur. Die Regenwürmer kriechen aus der lockeren Erde heraus. Die Grillen stimmen ihren Abendgesang an. Und die zierlichen Heuschrecken erst!
Wenn die Menschen zur Ruhe gehen, dann wird es erst richtig schön auf den Wiesen und Feldern und im Wald. Er rief:

Flieg heraus aus deinem Bau
in die Nacht, nun komm und schau!
Du hast schöne goldne Augen,
die für Nacht und Dunkel taugen.

Langsam wagte sich Federbüschelchen an den Rand des Nestes. Sein Magen knurrte. Hatte ihn die Mutter vergessen? Seit Stunden hatte sie ihm schon keine Schnecke und keine Maus mehr angeschleppt. Er machte einige ungeschickte Flügelschläge und hüpfte auf den Ast unter seinem Nestloch. Weit riß er die Augen auf. Wirklich – er konnte ja nachts viel besser sehen als bei Tage!
Das milde Mondlicht floß durch die Zweige. Ein tiefdunkler Nachtfalter schwirrte vorbei. Dann folgte ein ganzer Schwarm glänzender Glühwürmchen. Federbüschelchen spannte die Flügel weit. Er flog und flog fast unhörbar durch die Äste an den Tannen vorbei. Er ließ die duftenden Holunderbüsche unter sich liegen und schwebte über die Wiesen.

Federbüschel gut gemacht,
komm heraus nun in die Nacht.
Folg dem milden Mondeslicht,
fang die Maus und fürcht dich nicht,

summte der Nachtwind. Und da schoß Federbüschelchen auch schon in die Tiefe und hatte die erste Maus seines Lebens gefangen.
„Weiter, weiter!" lobte der Nachtwind. „Der Tisch ist reich gedeckt in der Nacht! Schau, die Raupen dort an den Kohlblättern und die vielen Nachtschmetterlinge."
Federbüschelchen flog und flog. „Nachtflug ist herrlich!" heulte er. „Ich will immer weiter fliegen!"
Der Mond war schon hinter dem Waldrand verschwunden, und die ersten Sonnenstrahlen glänzten über den Bergen auf.
Mutter Eule und die älteren Geschwister waren gegen Morgen ins Nest zurückgekehrt. Aber wo war Feder-

büschelchen geblieben? „Ist er etwa aus dem Nest gefallen?“ fragte Mutter Eule ganz besorgt. Sie schwang sich auf den Waldboden am Fuße der Eiche, aber vergebens. „Hast du mein jüngstes Kind gesehen?“ fragte sie den Nachtwind.

Wehe, brause, sause Wind,
sag, wo ist mein jüngstes Kind?

Ich hör es ganz ängstlich schrein,
das kann nur Federbüschlein sein!

säuselte der Wind und trug das leise Heulen des jüngsten Eulenkindes dem Neste zu.
Mutter Eule hatte mit ihren scharfen Ohren das ängstliche Heulen erlauscht und schwang sich über Wiesen und Felder. Da saß ganz zusammengekauert Federbüschelchen auf einem Telegrafenmast. „Ich will keine Tageule mehr sein, die Sonne tut mir weh!“ heulte es. „Ich will nur noch eine Nachteule sein! Die Nacht ist wunderschön!“
„Dann flieg schnell hinter mir her!“ sagte die Mutter. „Ich wußte doch, daß ich richtige Nachteulen ausgebrütet habe!“ „Hoffentlich wird es bald wieder dunkel!“ seufzte Federbüschelchen, als er sich in das Nest kuschelte. Und vor dem Einschlafen heulte er noch leise:

Lieber Mond, bei deinem Licht
brauch’ ich mich zu fürchten nicht.
Komm heute abend bald heraus,
dann fang’ ich die fettste Maus!

Ergänzungsreim

Mit M – da raschelt es im Stroh (Maus)
mit L – da zwickt's und juckt's dich so! (Laus)
Mit Schm – da lockt es Zung und Blick, (Schmaus)
nach H – da kehrst du gern zurück. (Haus)

Novemberrätsel

In Nebel kannst du zweimal mich entdecken,
im Frost, da findest du mich nicht.
Du triffst mich im Fieber, bei Husten und Schnupfen,
auch in der Kerze – doch nicht im Licht. (Buchstabe e)

Zauberschleier, Zauberschleier
bist du aus Seide gemacht?
Legst dich über Baum und Dächer,
wer hat dich erdacht? (Nebel)

Liebe Sonne, liebe Sonne
aus dem Wolktentor
zaub're doch mit deinen Strahlen
Baum und Dächer schnell hervor! (Nebel)

Zungenbrecher

Tausend tolle Tänzer tanzen in der Turnhalle
Tag für Tag toll herum.

Schlaflied von den Tieren und Knospen im Herbst

Text: Barbara Cratzius Melodie: Klaus W. Hoffmann.

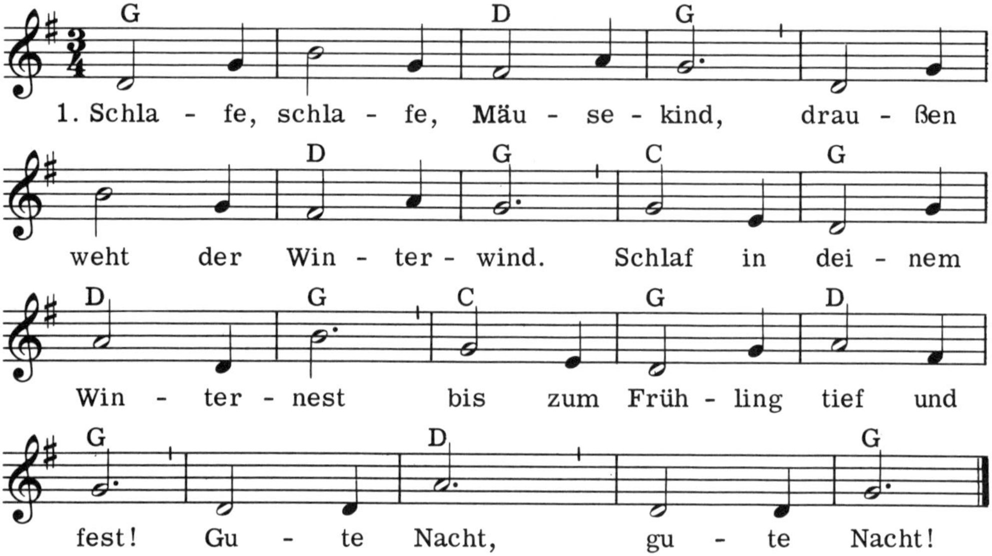

2. Schlafe, schlafe, Falter du,
halte deine Winterruh.
Sonne scheint aufs Puppenhaus,
dann schwebst du zum Tor hinaus.
Gute Nacht.

3. Schlafe, schlafe Käfer klein
in der Rindenritze ein.
Sonne steigt bald übers Dach,
kitzelt deine Flügel wach.
Gute Nacht.

4. Schlafe, schlafe, Bärenkind,
wo die warmen Höhlen sind,
schlaf in deiner Mutter Arm,
roll dich in den Pelz so warm.
Gute Nacht.

5. Schlafe, schlafe, Fledermaus,
in der Scheune ruh dich aus.
Unterm Balken gut versteckt,
daß dich niemand dort entdeckt.
Gute Nacht.

6. Schlafe, schlafe, Knospe klein,
schlaf am harten Aste ein.
Wenn die Frühlingssonne lacht,
sind die Blätter aufgewacht.
Gute Nacht.

7. Tiere, Knospen, aufgewacht
nach der langen Winternacht.
Seht – die Sonne scheint ganz hell,
hüpft und fliegt und flattert schnell.
Guten Tag!

Laternenlied

Text: Barbara Cratzius Melodie: Paul G. Walter

2. Sieh, mein Mond hat eine Nase,
schau doch mal, mein weißer Schwan!
Immer heller wird die Straße,
Sonne, Stern und Hahn. – Leuchte ...

3. Seht, es schimmern die Laternen
in der kalten schwarzen Nacht.
Und wir haben dunkle Herzen
hell und froh gemacht.

Tragt das Licht aus unserm Haus
in die weite Welt hinaus.

St. Martin-Lied

(nach einer norddeutschen bekannten Laternenweise)

Ich geh' mit meiner Laterne
und meine Laterne mit mir.
Da oben leuchten die Sterne,
und unten leuchten wir.
Nun zieh voran,
du Reitersmann,
St. Martin, wir folgen dir.

St. Martin, hoch zu Pferde,
du warst ein Kriegersmann.
Doch beugst du dich zur Erde
und schaust den Bettler an.
Nun zieh voran ...

St. Martin hat Erbarmen
und sieht des Bettlers Not.
Er lehrt uns auch zu teilen,
wie Gott es uns gebot.
Nun zieh voran ...

St. Martin legt die Rüstung
und seine Waffen fort.
Er will fortan nur dienen
und folgen Gottes Wort.
Nun zieh voran ...

St. Martin, du bist Bote.
St. Martin, Gottesmann.
Was wir dem Nächsten geben,
das haben wir Christus getan.
Nun zieh voran ...

Weit glänzen die Laternen
in kalter Winternacht.
Wir haben dunklen Straßen
das helle Licht gebracht.
Nun zieh voran ...

Kasper und der böse Verkehrsteufel

Es spielen mit: Kasper, Polizist, Verkehrsteufel

Wir brauchen: eine verstellbare Ampel aus Pappe, einige kleine Spielzeugautos

(Autogeräusch hinter der Bühne, einige Autos werden rasch über die Bühne geführt, Kasper singt ganz außer Atem sein Tri-tra-tra-la-la noch hinter der Bühne, Bremsgeräusch.)

Kasper (kommt auf die Bühne gestürzt)

Kinder, das hätte beinahe was Schlimmes gegeben! So ein blöder Laster! Der hätt' mir doch fast meine schöne lange Nase abgefahren! Meine lange Kaspernase! Ist sie noch dran, Kinder?

(Kinder rufen ...)

Aber ich hab' mir doch gleich die Nummer von dem Kerl aufgeschrieben: 543. Und vorn war ein ...

(Autokennzeichen der betreffenden Stadt der Kinder angeben)

Kinder – sagt mir, kennt ihr auch eine Autonummer?

(Kinder rufen ...)

Na, eure Eltern sind hoffentlich noch nie von der Polizei aufgeschrieben worden ...

(Kinder ...)

Aber heute gibt das Ärger! Ich will gleich meinem Freund, dem Verkehrspolizisten, Bescheid sagen. Hallo ... Polizist!

(hinter der Bühne)

Braucht ihr Hilfe, komm ich schnell. Polizei ist gleich zur Stell!

Polizist Ich komm ja schon, lieber Kasper! Wo brennt's denn?

Kasper Das brennt ja gar nicht, lieber Polizist. Aber was mach' ich bloß, wenn wieder so ein verrückter Autofahrer ankommt! Die rasen ja heute alle so, als ob der Teufel hinter ihnen her wäre.

Polizist Da hast du gar nicht so Unrecht, Kasper. Der böse Verkehrsteufel, der ist schon wieder in der Nähe. Der flüstert den Kindern so schlimme Sachen ins Ohr und den Autofahrern auch!
Du – ich rieche, ich rieche schon so was wie Teufelsgestank. Los, Kasper, schnell verstecken! Da kommt er schon!

(Beide ab.)

Teufel Pfui-Fis-pfui-la-la – der Oberteufel, der ist da!
Einen wunderbösen schlechten Morgen, liebe Kinder!
O – was sehe ich da – viele kluge Kinder, und so schöne noch dazu! Wißt ihr, Kinder, welcher Junge mir neulich am besten gefallen hat? So ein wilder Kleiner, der hat immer gewartet, bis die Ampel rot gezeigt hat. Und dann ist er über die Straße gelaufen. Ich hab' ihm doch meinen schönen Spruch ins Ohr geflüstert:

Grün, grün, aufgepaßt, da bleibst du stehn!
Zeigt die Ampel rotes Licht, dann erst darfst du gehn!

(Kinder protestieren.)

Was schreit ihr denn so? Rot ist doch eine schöne Farbe! Meine Lieblingsfarbe! Rot ist die Höllenglut, rot ist mein Teufelsmantel ... Hui, hui – rot ist gut! Rot wie Blut! Rot ist gut!

(Er tanzt wild herum.)

Ja – und beinahe ist der Junge überfahren worden! Der Autofahrer konnte gerade noch stoppen!
Und für die Autofahrer hab' ich noch einen besonders guten Spruch:

Nicht zu langsam, halt nicht an!
Gib Gas, dann kommst du schnell voran!

Guck mal, wie der kleine Flitzer da drüben durch die Straßen jagt! So ist's richtig!
Und noch einen Spruch für die Autofahrer:

Steht an der Straße ein kleines Kind,
dann mußt du fahren wie der Wind!

(Kasper und Polizist stürzen aus ihrem Versteck)

So, nun ist's aber genug, du gemeiner Kerl! Überall Unheil stiften! Jetzt stopfen wir dir dein freches Maul!

(Sie verdreschen ihn, Teufel schreit.)

Teufel (wimmernd)

Habt Mitleid mit mir armen Wicht, ich tu' es niemals wieder nicht.

Polizist Das hast du schon oft genug gesagt. Zur Strafe kommst du ins Gefängnis! Mindestens bis Weihnachten! Oder am besten, du kommst überhaupt nicht wieder heraus!

(Polizist schleppt den Teufel ab.)

Kasper So – der hat seine Strafe! Kinder, und jetzt wollen wir gemeinsam den richtigen Spruch lernen!

Ich bleib' erst am Kantstein stehen.
Paßt doch alle auf!
Zeigt die Ampel rotes Licht,
dann darf ich nicht gehen!

(singt den Spruch noch mal auf die Melodie: Alle meine Entchen ...)

Polizist (zeigt die Ampel mit dem roten Licht hoch, alle Kinder singen den Vers mit.)

(Polizist hebt die Ampel hoch, die von gelb auf grün springt)

Kasper

Ich bleib' erst am Kantstein stehen.
paßt doch alle auf!
Zeigt die Ampel grünes Licht,
dann darf ich erst gehen!

(Polizist stellt die Ampel weg, über die Bühne brummen einige Autos.)

Polizist Und was machen wir, wenn gar keine Ampel da ist?

(Kinder ...)

Polizist

Richtig habt ihr das gesagt!
Ich bleib erst am Kantstein stehen.
Paßt doch alle auf!
Muß nach links, nach rechts dann sehen,
dann erst darf ich gehen!

Und Kinder, was ganz wichtig ist! Auch wenn die Ampel grünes Licht hat, müßt ihr trotzdem gucken, ob die Autos alle angehalten haben. So verrückte Flitzer gibt es überall!

Kasper Kinder, da kommt die kleine Gretel. So, die nehm' ich ganz lieb an die Hand und zeig' ihr, wie man über die Straße gehen soll. Ihr dürft alle mitsingen:

Du bleibst erst am Kantstein stehen,
Gretel, paß doch auf!
Zeigt die Ampel rotes Licht,
dann darfst du nicht gehen!

Du bleibst erst am Kantstein stehen,
Gretel, paß doch auf!
Zeigt die Ampel grünes Licht,
dann erst darfst du gehen!

Tschüs, Kinder ... bis zum nächsten Mal!
Und paßt auf, daß euch nicht einer von den vielen Verkehrsteufeln erwischt!

Bitte sehr! Schaut doch her!
Augen auf im Straßenverkehr!

Auf Wiedersehen, Kinder ... !

Kleines Bewegungsspiel

(auch als Fingerspiel)

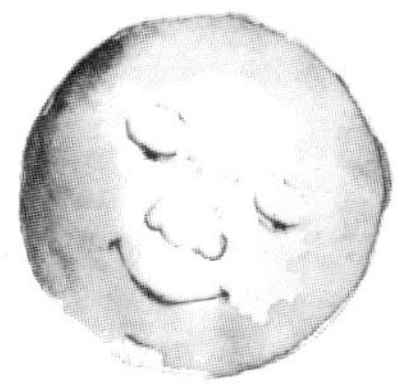

Mit den Fingern Kreis und Zacken malen. Hände über die Augen legen, hinuntergucken.

Ich male einen großen Mond
und viele kleine Sterne.
Die schaun aus weiter Ferne
am blauen hohen Himmelszelt
hinunter auf die dunkle Welt.
Was sehen sie da?
Schiffe im Hafen,
und Vögel, die schlafen.

Kopf seitlich in die Hände betten, Baum in die Luft malen. Tor und Hütte malen. Textgemäß die Figuren in die Luft malen.

Einen Kastanienbaum,
ein Eichhorn im Traum.
Ein Scheunentor,
eine Hundehütte davor,
eine Wiese mit Maulwurfshügeln,
ein Dach mit roten Ziegeln,
ein Fenster mit Licht,
dahinter ein Gesicht,
einen Plüschhund mit Schleifen,
einen Ball und einen Reifen,
auf dem Bord ein Teddy mit zwei Schafen,
und im Bett ein Kind, das will nicht schlafen.
Da kommt der Mond und brummt:

Augen schließen, hinkauern und schlafen.

Die Augen zu!
Bald schlafen alle,
ich und du.

Aus: *B. Cratzius,* „Noch mehr Fingerspiele und andere Kinkerlitzchen".

Graue, braune, schwarze Farben
hol für den November raus.
In dem dichten schweren Nebel
ist versteckt nun Haus bei Haus.

Mal das Laubhaus für den Igel,
Eichhorn schläft schon hoch im Baum.
In der Höhle träumt die Bärin
ihren tiefen Wintertraum.

Wir malen Bilder im November

Mal dein Bett im Kinderzimmer,
und vergiß den Teddy nicht!
Laß die erste Kerze schimmern,
bald erstrahlt das Weihnachtslicht.

Eine lustige Eulenfamilie

– vor der ihr euch nicht zu fürchten braucht!

Auf euren Waldspaziergängen habt ihr jetzt im November bestimmt Tannenzapfen und Eicheln gefunden. Vielleicht habt ihr auch noch ein paar Vogelfedern auf den Wanderungen im Sommer gesammelt? Daraus könnt ihr euch ein ganze Eulenfamilie basteln.

Ihr löst von den Eicheln die Hütchen ab und malt sie gelb an. in die Mitte kommt ein schwarzer Punkt für die Augen. Ihr klebt die Eichelhütchen mit Pattex an den Tannenzapfen fest. Nun schneidet ihr für die Nase aus grauem Papier ein Dreieck, knifft es und klebt es zwischen die Augen. Aus fester Pappe schneidet ihr die Fußkrallen und klebt sie auf einem Stück Holz fest. Für die Flügel und Ohrbüschel der Eule nehmt ihr eure Vogelfedern.
Aus kleinen Tannenzapfen könnt ihr noch mehrere kleinere Eulen basteln.
Nun steht eure Eulenfamilie vor euch und blickt euch lustig an. Sicher habt ihr jetzt keine Angst mehr, wenn ihr die Eulen abends im Wald heulen hört.
Wenn ihr wollt, könnt ihr euch das kleine Eulenlied abschreiben, ringsherum noch viele kleine Eulen malen und zu eurer Eulenfamilie auf euer Bord stellen! – Wenn ihr noch nicht schreiben könnt, liest die Erzieherin euch sicher das Eulenlied vor:

Eulenlied

Hoch im Baume, hoch im Baume,
werd' ich euch entdecken!
Graue Schatten, nachts im Traume,
ihr sollt mich nicht schrecken!

Hoch im Baume, hoch im Baume,
dunkle graue Eulen,
Hell erglühen nachts die Augen,
dumpf ist euer Heulen.

Doch nun steht ihr auf dem Tischchen,
ich hab' euch gefunden.
Meine Angst, die dumme Angst
ist nun ganz verschwunden!

Laternen noch und noch

Runde Grundformen

Am besten eignen sich für runde Laternen Käseschachteln (∅ ca. 16 cm) als Boden und Deckel, weil sie stabil sind und du nur deinen fertiggestalteten Laternenstreifen außen herum anzukleben brauchst. Kannst du keine Käseschachtel bekommen, so schneidest du zwei Kreise aus stabilem Karton aus. In eine Scheibe wird ein großes Loch für die Öffnung geschnitten. Dein Papier für eine Laterne sollte 52 cm lang und nicht mehr als 25 cm breit sein, wenn du eine Käseschachtel als Boden und Deckel benutzt. Die Käseschachtel malst du mit Plakafarbe bunt an und befestigst in dem Boden einen Kerzenhalter.
Nimmst du feste Kartonscheiben für die Laterne, dann muß der Laternenstreifen vor dem Zusammenkleben erst noch geknickt und eingeschnitten werden:

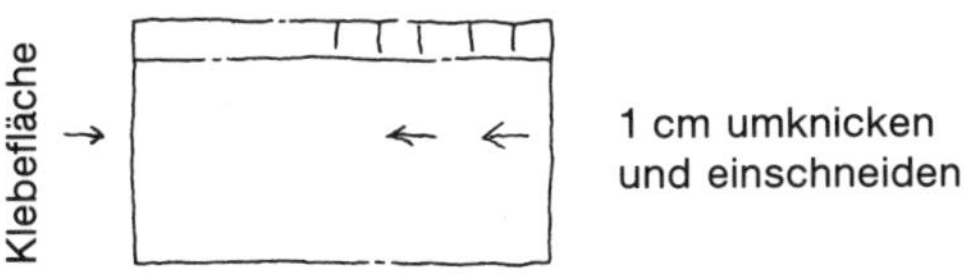

Als Kerzenhalter eignen sich Teelichter und Adventskerzenhalter, welche am Boden der Laterne festgeklebt werden:

Für die Aufhängung nimmst du Blumendraht (ca. 30 cm lang), den du an zwei gegenüberliegenden Stellen in der Pappe befestigst. Löcher dazu mit einer Nadel vorstechen! *(U. Weber)*

Laterne aus Tonpapier mit Motiven von Aussteckformen

Du brauchst
Käseschachteln oder 2 Pappscheiben, Schwarzes Tonpapier
verschiedenfarbiges Transparentpapier, Ausstechformen, Lineal, Bleistift, Klebstoff, Schere

Tonpapierstreifen 52 cm lang und 25 cm breit zuschneiden.
Ausstechformen auf das Tonpapier legen und mit dem Bleistift umfahren. Die Formen ausschneiden und Transparentpapier hinter die Öffnungen kleben. Damit die Laterne schön leuchtet, müssen möglichst viele Motive ausgeschnitten werden.
Das Papier zu einer Röhre zusammenkleben; Boden und Deckel befestigen! *(U. Weber)*

Blätterteppich-Laterne

Du brauchst:
Pappe (von einem Zeichenblock)
½ Bogen helles Tonpapier
Klebstoff, Firnisöl
1 Teelicht
1 Musterklammer
etwas Blumendraht
buntes Laub

1. Teile einen Bogen helles Tonpapier der Länge nach in der Mitte.

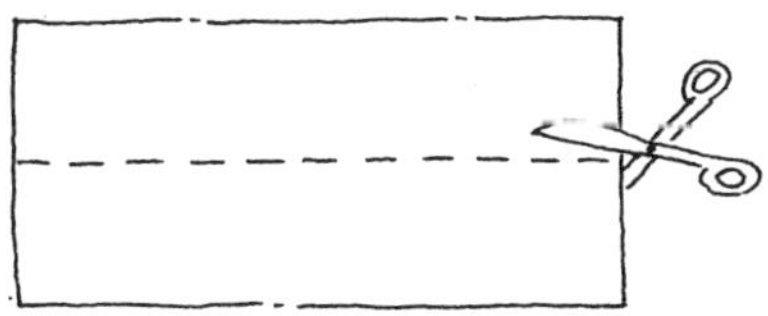

Du brauchst für deine Laterne eine Hälfte

2. Bedrucke den Tonpapierstreifen mit Blattmustern.
   Dazu bestreiche ein Blatt von dem Laub auf der rauhen Unterseite mit Tuschfarbe.
   Drücke das Blatt wie einen Stempel auf das Laternenpapier.

So entsteht ein bunter Blätterteppich.
Während die Tuschfarbe trocknet, fertigen wir den Boden der Laterne an.

3. Schneide aus der Pappe ein Quadrat: 20 × 20 cm

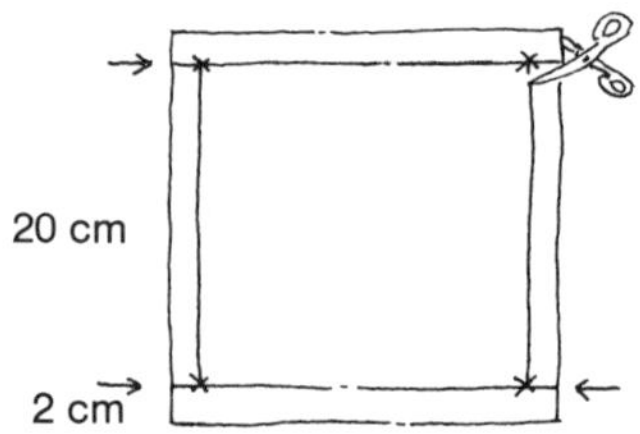

An jeder Seite werden 2 cm abgemessen.
Schneide die Streifen an jeder Ecke bis zum × ein.
Biege die Streifen hoch, so daß ein Rand um den Laternenboden entsteht.
Knicke die überstehenden Ecken um und klebe sie fest.

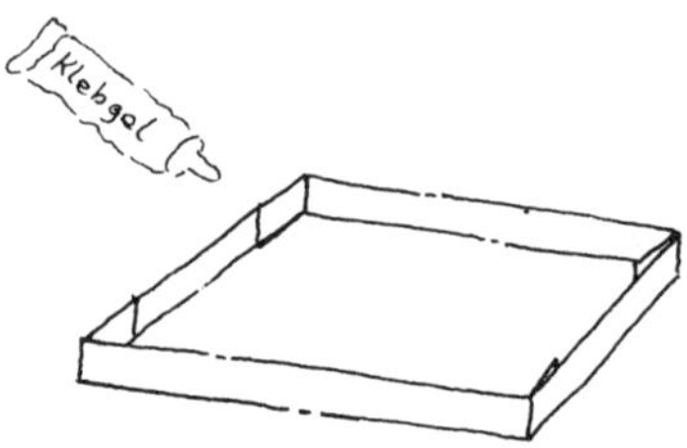

Bohre in die Mitte des Bodens ein kleines Loch.
Nimm das Teelicht aus dem Metallschälchen und bohre in die Mitte des Schälchens auch ein kleines Loch.

Befestige das Schälchen mit einer Musterklammer am Laternenboden.
Biege die Enden der Musterklammer unter dem Boden auseinander. Setze die Kerze wieder in das Schälchen.

4. Wenn dein Laternenpapier getrocknet ist, bestreiche es mit Firnisöl, dadurch wird es lichtdurchlässig.
Laß es wieder trocknen.

5. Jetzt kannst du das Papier in vier gleichgroße Abschnitte einteilen und falten.

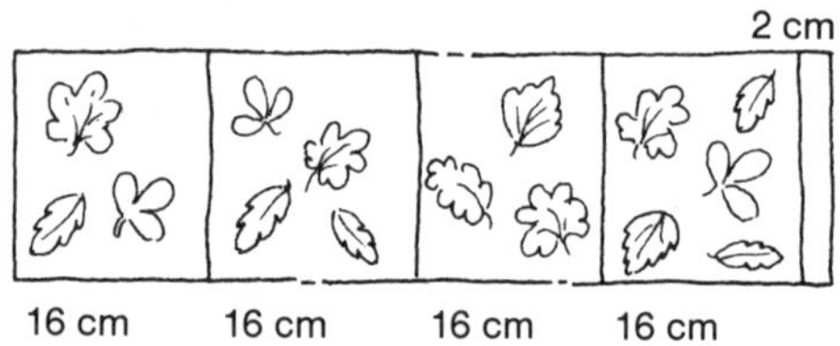

Am Ende benötigst du einen Streifen von 2 cm, um die Laterne an der Seite zu schließen.
Aber halt!
Bevor wir das Laternenpapier zusammenkleben, verstärken wir den oberen Rand mit einem Pappstreifen: 2 cm breit und 64 cm lang (so lang wie das Laternenpapier).

Jetzt bauen wir die Laterne zusammen:

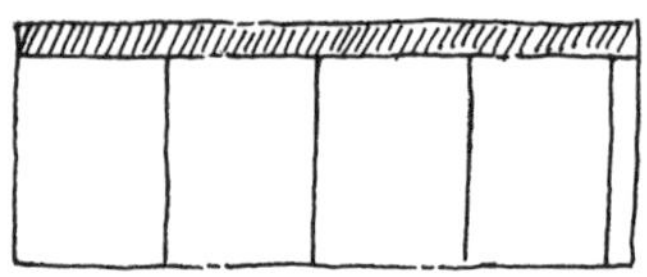

6. Streiche den Außenrand des Laternenbodens mit Klebstoff ein und klebe das gefaltete Laternenpapier rundherum fest.

Schließe die Seite der Laterne mit dem 2 cm breiten Seitenstreifen.
Zum Schluß befestige ein Stück Blumendraht als Bügel.
Fertig ist die Laterne. *(E. Scharafat)*

Reisgericht „Lustige Clownsgesichter"

Ihr braucht:
8 bis 10 Äpfel
½ l Wasser
5 Eßlöffel Ursüße
Saft einer Zitrone
etwas Vanille
etwa 4 Eßlöffel rote Marmelade
250 g Reis
100 g Quark
½ l Milch
4 Eiweiß
4 Eigelb
4 Eßlöffel Ursüße für den Eischnee

Ihr schält die Äpfel und steckt mit einem Apfelbohrer das Kerngehäuse aus. Ihr bringt das Wasser, die Ursüße und den Zitronensaft zum Kochen und laßt die Äpfel vorsichtig halbgar dämpfen.
Sie dürfen nicht zerfallen.
Nun gebt ihr den Reis in das Apfelwasser und laßt ihn quellen. Dann fügt ihr die heiße Milch zu und laßt den Reis bei schwacher Hitze ausquellen, bis er weich ist.
Ihr fettet eine große oder zwei mittelgroße Auflaufformen gut aus. Dann vermischt ihr den Reis mit der Vanille, dem Quark und dem Eigelb und füllt ihn in die Form.
Das Eiweiß schlagt ihr steif und zieht die Ursüße darunter.
Dann füllt ihr die Äpfel mit Marmelade und legt sie obendrauf. Sie sinken etwas ein, so daß die „Gesichter" gerade noch herausgukken. Ihr backt den Auflauf bei geschlossenem Deckel bei 200 ° eine halbe Stunde lang. Am Schluß könnt ihr den Äpfeln mit Marmelade einen lustigen Clownsmund unter der roten Nase malen. Zwei Rosinen steckt ihr als Augen hinein.
Und was rufen die Clowns uns beim Geburtstag oder bei einem anderen Fest im Kindergarten zu?

Hurra! Hurra! Hurra!
Die Clowns vom Zirkus Zampano
sind da!
Mit einer Plastikrose
und ausgefranster Hose
mit einer Blechtrompete!
Nun kommt herein zur Fete!

Wofür wir Gott danken

Nun ist es draußen ganz dunkel geworden.
Es regnet und regnet,
und manchmal ist es morgens so neblig,
daß wir kaum bis zur Straße sehen können.
Da ist es zu Hause so gemütlich.
Wir sitzen beisammen und basteln und malen.
Ich habe eine schöne große Laterne gebastelt.
So warm strahlt ihr buntes Licht!
Wenn ich abends im Bett liege,
sehe ich manchmal in Gedanken schon
das helle Weihnachtslicht von fern schimmern!
Lieber Gott, in den grauen Novembertagen
freuen wir uns schon auf das helle Licht,
das du uns zu Weihnachten schenken willst!

Danklied im November

November ist so kalt und naß,
es regnet immer mehr.
Weit öffnet er den grauen Mantel
und schickt uns Nebel her.

Laterne, leuchte, strahle uns
in dieser dunklen Zeit.
Es wird ein heller Stern aufgehn,
er glänzt uns schon von weit.

Dezember ist nun endlich da!

So öffnet euer Haus!
Bald knirscht im Schnee der große Schlitten:
Es naht St. Nikolaus!

Der Förster holt die Säge her
und schlägt jetzt Baum um Baum.
Bald werden hell die Kerzen schimmern,
ich seh' sie nachts im Traum.

Und meine Krippe mal' ich an,
es glänzt der Stern schon – seht!
Ihr Menschen, Tiere, kommt zum Stalle!
Die Tür uns offen steht!

Monats- und Tierrätsel

Hell erglühen unsre
Augen,
die für Nacht und
Dunkel taugen.
Hörst du uns im Walde
heulen?
Ja, wir sind die
klugen ... (Eulen)

Wer läßt uns backen und basteln,
schenkt Kranz und Kerzen und Stern?
Wer läßt uns singen und freuen
auf das helle Licht von fern? (Dezember)

Alte Bauernregeln und Volksgut für den Dezember

St. Barbara kalt mit Schnee
bringt Korn auf jede Höh.

Spaziert zu Weihnacht die Krähe im Klee,
sitzt sie zu Ostern im Schnee.

Es wintert im Frühjahr noch nach,
schneit's in der Christnacht aufs Dach.

Ist's am Heilig Abend hell und klar
gibt's ein segensreiches Jahr.

Gibt's im Dezember Sturm und viel Schnee,
da schreit der Bauer froh sein Juchhe.

Ein Wintererlebnis

Unterm Weihnachtsbaum haben endlich die neuen Ski für Georg und Christine gelegen. Die beiden stehen am Fenster. Wenn es doch bald schneien würde! Seit Tagen herrscht klirrender Frost draußen, aber keine Schneewolke zeigt sich am Himmel. „Wartet nur“, sagt die Mutter, „der Wetterbericht hat angesagt, daß es ab heute mittag schneien wird. Ihr könnt bestimmt noch Skilaufen in den Weihnachtsferien.“ Als Mutter gegen Abend die Kerzen anzündet, fallen endlich die ersten Flocken. Am nächsten Morgen haben die Autos, die Häuserdächer und Zäune eine dicke Schneehaube auf. „Wir probieren die Ski drüben am Waldrand aus“, sagt Christine, „da haben wir voriges Jahr so schön gerodelt.“

Sie laufen den Feldweg entlang, den hohen Tannen entgegen. „Warte mal“, sagt Georg, „hier ist schon jemand vor uns langgelaufen.“ „Ich kann keine Skispuren sehen!“ ruft Christine. „Nein, aber hier ist ein Hase langgehoppelt und dort ein Reh! Die Spuren hat mir Opa erklärt, ich kenne sie wieder. Und da – schau mal, das sieht aus, als ob einer mit einer Spitzhacke den Kohl losgehackt hat!“ Ein tiefes Loch ist in die harte Schneedecke gewühlt, gefrorene Strohstücke ragen daraus hervor. „Das hat ein Reh oder ein Hirsch mit den scharfen Hufen gemacht!“ sagt Georg. „Die müssen aber Hunger haben jetzt!“

Christine guckt hoch. „Sei still, dort am Waldrand, ein ganzes Rudel!“ Langsam zieht die Herde an den beiden vorbei. Das große Leittier äugt noch ein paarmal zu den Kindern hinüber. „Das sieht aus, als ob die Tiere an den Baumstämmen knabbern!“ sagt Georg. „Die müssen aber Hunger haben! Wir gehen morgen mit Großvater zu den Futterstellen im Wald und bringen frisches Heu mit. Die Tiere sollen doch auch merken, daß Weihnachten ist.“

Die Geschichte von dem kleinen zerzausten Tannenbaum

Der kleine zerzauste Tannenbaum ist ganz traurig. „Wenn ich doch auch so schöne lange Zweige hätte, wie die große Tanne dort am Berg!" seufzt er. „Die darf in diesem Jahr bestimmt vor dem Rathaus stehen und wird mit vielen leuchtenden Lichtern geschmückt! Und dann hört sie, wie die Trompeter auf dem Rathausturm mit ihren langen Trompeten die schönen alten Weihnachtslieder blasen!
Aber an meinem Stamm haben die Eichhörnchen geknabbert, und der Wind hat meine Äste zerzaust. Die kleine Spitzmaus wühlt und wühlt an meinen Wurzeln herum und sucht sich ihr Winterversteck. Und die Vögel knabbern an meinen Zapfen."
„Sei still", piepsen die Vögel. „Wir haben dich doch alle lieb! Du merkst doch, wie sich die Häschen so gern abends unter deinen Zweigen ins Moos kuscheln."
„Aber ich möchte helle Kerzen haben und goldene Kugeln und Lametta und Strohsterne!" sagt der kleine Tannenbaum trotzig.
„Pst", piepsen die Vögel. „Wir hören Tritte im Wald."
Drei Menschen kommen durch das dichte Laub gestapft. Sie bleiben vor dem kleinen Tannenbaum stehen. „Dieses Bäumchen kriegt ihr geschenkt!" sagt der Förster zu Peter und Barbara. „Das dürft ihr ausgraben! Zwischen den hohen Tannen kann es gar nicht richtig wachsen, so eng stehen die Bäume hier!" „Wirklich geschenkt?" ruft Peter. „Toll, da brauche ich mein Sparschwein gar nicht leer zu machen!"
„Ob das Tannenbäumchen auch wirklich anwachsen wird?" fragt Barbara. „Seid froh, daß es noch nicht so sehr gefroren hat. Grabt nur recht tief, daß ihr alle Wurzeln herausbekommt!"
„Paß auf, Spitzmaus, daß sie dich nicht erwischen!"

flüstert das Tännchen. „Ich seh' mich schon vor!" piept die Spitzmaus.
Endlich haben Peter und Barbara es geschafft. „ Du, das ist ja ein ganz süßes Bäumchen!" ruft Barbara. „Diese Seite ist ein bißchen kahl, da stecke ich all meine bunten Sterne hin. Und an die Spitze kommt ein schöner großer Goldengel. Und dann kleben wir noch viele Ketten aus Goldpapier!"
„Ich hol' aus der Garage den größten Blumentopf, da pflanzen wir das Tannenbäumchen rein!" sagt Peter.
„Aber vergeßt nicht, es tüchtig zu gießen!" erinnert der Förster.
„Das muß toll aussehen im Kinderzimmer!" sagt Peter. „Dieses Jahr haben wir einen richtigen eigenen Tannenbaum, ganz für uns allein! Und den schmücken wir so, wie wir es wollen, nicht mit so komischen lila Schleifen und lila Kerzen, wie sie uns Tante Erika jedes Jahr zu Weihnachten schenkt. Das wird unser eigener Kinderweihnachtsbaum! – Und nach Weihnachten pflanzen wir ihn in unseren Garten. Wie der wachsen wird!"
„Da besuchen wir dich bestimmt!" flüstert die Spitzmaus. „Den Hasen und Eichhörnchen sage ich auch Bescheid. Hoffentlich hängen noch ein paar Kekse und Äpfel und Nüsse zwischen deinen Zweigen!"
„Das wird ein richtiges Weihnachtsfest für uns Tiere! Wir freuen uns schon darauf!" piepsen die Vögel.
Und dann zwitschern sie hinter Peter und Barbara und dem Bäumchen her:

Bald sehen wir das Tännchen wieder
in dem Garten hinterm Haus.
Dann holen wir uns Äpfel, Nüsse.
Hei – das wird ein Weihnachtsschmaus!

Ausfahrt

Schlitten vorm Haus,
Steig ein, kleine Maus,
Zwei Kätzchen davor,
So geht's durchs Tor,
Zwei Kätzchen dahinter,
So geht's durch den Winter.

Hinein ins Feld,
Wie weiß ist die Welt,
Auf einmal, o weh,
Kleine Maus liegt im Schnee,
Kleine Maus liegt im Graben,
Wer will sie haben?

Schlitten vorm Haus,
Wo blieb kleine Maus?
Die Kätzchen, miau,
Die wissen's genau:
Hat nicht still gesessen,
Da haben wir sie gefressen.

Gustav Falke

Abzählvers

Teig wollen wir rühren,
willst du mal probieren?
Hänsel nascht vom Pfefferkuchen,
Gretel will ihn auch versuchen.
Von dem Hexenhaus,
und du bist raus!

Wer soll laufen, wer soll suchen?
Pfiffe – pfaffe – Pfefferkuchen.
Rührt den Teig und backt ihn fein,
du sollst sein!

Vogel am Fenster

An das Fenster klopft es: „Pick! pick!
Macht mir doch auf für einen Augenblick.
Dick fällt der Schnee, der Wind geht kalt,
Habe kein Futter, erfriere bald.
Liebe Leute, o laßt mich ein,
Will auch immer recht artig sein."
Sie ließen ihn ein in seiner Not;
Er suchte sich manches Krümchen Brot,
Blieb fröhlich manche Woche da.
Doch als die Sonne durchs Fenster sah,
Da saß er immer so traurig dort;
Sie machten ihm auf: husch, war er fort!

Wilhelm Hey

Weihnachtswünsche der Tiere

Bromm, bromm
brummt der Igel.
Ich wünsch' mir ein Winterhaus mit Äpfeln und Schnecken,
da kann ich mich in Eis und Schnee drin verstecken.

Piep, piep,
piept die Maus.
Meine Höhle soll tief in der Erde sein,
da kriech' ich im kalten Winter hinein.

Knipper, knapper, knapp
knuspert das Eichhörnchen.
Ich wünsch' mir ganz viele Haselnüsse im Loch,
da kann ich knuspern noch und noch.

Klipper, klapper, klapp
klappert der Storch.
Ich wünsch' mir fette Frösche ganz viel
und warme Sonne am blauen Nil.

Weh – o weh
klagt das Reh.
Ich wünsch', daß all mein grüner Klee
nicht ganz zugedeckt ist von Eis und Schnee.

Miau, miau
maunzt die Katze.
Ich wünsch' mir auf meinem Katzentisch
einen duftenden schönen Weihnachtsfisch.

Mä, mä
mäht das Schaf.
Bei Ochs und Esel möcht ich stehn
und das kleine Kind in der Krippe sehn.

Ein Paar Schuhe sind genug!

Es ist am Abend vor dem Nikolaustag. „Mami, gibst du mir die schwarze Schuhcreme, ich will Vatis Schuhe putzen!“ sagt Peter und rubbelt Vaters Gartenstiefel und die schweren Bergstiefel sauber. Auch seine Gummistiefel, die Fußballschuhe und die Ledersandalen glänzen.
„Ich hab' aber nicht soviel Schuhe wie Peter“, sagt die kleine Claudia, „nur die Hausschuhe und die Schnürschuhe! Der Nikolaus bringt mir bestimmt nicht soviel!“ „Der Nikolaus wird seine Gaben schon gerecht verteilen!“ lacht Mutter.
„Heute nacht halte ich ganz lange die Augen auf!“ sagt Claudia, „ich möchte so gern mal den Nikolaus mit seinem Schlitten und dem Esel sehen. Und laß auch die Nachttischlampe brennen, damit Nikolaus ja nicht an unserem Haus vorbeifährt!“
Morgens ist Claudia als erste aus dem Bett geschlüpft. Sie läuft schnell zu ihren Schuhen. „O Mutti!“ ruft sie, „guck mal! Hier sind drei kleine Tassen für mein Puppengeschirr! Und eine rosa Mütze für die Schlafpuppe! Und die Marzipankätzchen und Goldsterne!“ Da springt Peter aus dem Bett. Als erstes guckt er in die großen Bergstiefel. Da ist gar nichts drin. Auch die Gartenstiefel von Vati sind leer.
In den Gummistiefeln steckt ein Zettel:

Lieber Peter, sei bescheiden,
denn das mag der Nikolaus leiden
Er hat viele zu beschenken
und kann nicht an dich nur denken.
Sieh das kleine Auto an,
freu dich dran, du kleiner Mann.

Schnell faßt Peter in die Turnschuhe. Endlich – ganz hinten steckt ein kleines rotes Auto und noch ein Marzipanherz. „Gott sei Dank!“ sagt Peter, „ich dachte schon, der Nikolaus würde mir gar nichts bringen. Im nächsten Jahr stelle ich wirklich nur ein Paar Schuhe hin. Papis Stiefel kann ich ja trotzdem putzen!“

Der zerstreute Nikolaus

1. Der Nikolaus, der Nikolaus,
der packt die ganze lange Nacht,
stopft alles in den großen Sack,
was Fuchs und Hasen Freude macht.

2. Der Nikolaus, der Nikolaus,
wie kann das nur geschehn?
Verwechselt heute jedes Haus,
könnt ihr das wohl verstehn?

3. Ins Mäuseloch, da legt er Stroh,
der Esel kriegt den Regenwurm.
Der Eule legt er Pfefferkuchen
ganz oben in den Turm.

4. Das Eichhörnchen bekommt ’ne [Wurst,
der Hase eine Nuß.
Dem Fuchs bringt er den roten Apfel
als lieben Weihnachtsgruß.

5. Die Krähe kriegt die Mohrrübe,
die Katze den Salat.
Das Reh bekommt ein Hühnerbein,
damit es auch was hat.

6. Der Amsel in das Futterhaus
legt er den grünen Kohl.
Dem Hirsch streut er die Körner hin.
Nun sag, was soll das wohl?

7. Du lieber, guter Nikolaus,
du bist schon sehr zerstreut.
Du hast ja viel zu viel zu tun
jetzt in der Weihnachtszeit.

8. Wir helfen dir, du Nikolaus,
du hast es gar so schwer.
Drum bringen wir für jedes Tier
das Richtige heut her.

9. Die Wiese ist ganz zugeschneit
mit tiefem, tiefem Schnee.
Drum freun sich über Heu und Kohl
der Hase und das Reh.

10. Ihr Vögel, flattert schnell herzu
in unser Vogelhaus.
Da ist der Tisch schon reich gedeckt
für euren Winterschmaus.

11. Doch, lieber alter Nikolaus,
du kommst noch nicht zur Ruh.
Siehst du, vor unsrer Türe stehn
nun auch noch unsre Schuh.

12. Bei uns, da paßt du bitte auf,
bring auch das Richt’ge her.
Das Puppenkleid, die Eisenbahn,
3 Äpfel … und noch mehr!

Spiel

Diese Nikolausgeschichte werden die Kinder immer wieder hören und spielen wollen. Sie kann als Rollenspiel, als Schattenspiel oder als Figurentheater aufgeführt werden.
Am besten ist das Tischtheater für dieses Stück geeignet. Dabei ist weniger an eine große Aufführung vor Zuschauern gedacht, sondern an eine Kindergruppe, die am Nikolaustag ein kleines Fest feiert.

Wo bleibt denn nur der Nikolaus?

Auf den kahlen Weidenbäumen
sitzen schwarz die Raben.
Schreien ihren Zorn hinaus;
„Wo bleibt nur der Nikolaus?
Weil wir Hunger haben!"

Hinter kahlen Weidenbüschen
warten stumm zwei Hasen.
Nur die Ohren gucken raus:
„Wo bleibt nur der Nikolaus?
Zittern ihre Nasen."

Über harte Ackererde
ziehen stumm die Rehe.
Warten auf den Weihnachtsschmaus:
„Kommt nicht bald der Nikolaus?
hier in unsre Nähe?"

Und dort unten in dem Dorfe
viele Kinder fragen.
Anne, Jörg, der kleine Klaus:
„Kann der gute Nikolaus
seinen Sack wohl tragen?"

Oder hat in diesem Jahr
er die Zeit verschlafen?
So viel Kinder, Haus bei Haus,
kann der gute Nikolaus
das wohl alles schaffen?

Doch es freun sich Tiere, Kinder,
wenn sie früh erwachen.
Alles schafft der Nikolaus,
und sie werden, Haus bei Haus,
große Augen machen.

Tischtheater

Die Figuren und Requisiten zu dem Spiel können von den Kindern selbst hergestellt werden. Als Material für die Figuren ist Ton geeignet. Der Ton muß dabei nicht gebrannt werden. Er wird nur getrocknet und kann angemalt und mit farblosem Lack überzogen werden.
So sieht das Tischtheater aus: Tannenzapfen und Zweige sind die Bäume, sie werden einfach in Knetkugeln gedrückt, damit sie gut stehen. Mit Moos, Rinde, kleinen Steinchen usw. gestaltet man eine kleine Waldlandschaft. Die Eule bekommt einen Turm aus Karton.

Aufführung

Zu Beginn des Spiels werden alle Tiere aufgestellt. Sie verstecken sich hinter den Bäumen, unter dem Moos oder sitzen auf Steinen. Dann beginnt die Vorstellung:
Der Nikolaus kommt und verteilt den Tieren die Geschenke – aber entsprechend falsch, wie es in dem Gedicht erzählt wird. Ein Sprecher trägt das Gedicht vor, ein Spieler bewegt die Figuren des Tischtheaters.

Schluß

Am Schluß spielen alle Kinder mit. Sie sammeln die Geschenke des Nikolaus wieder ein und verteilen sie diesmal richtig: Die Mäuse bekommen Körner, der Esel Stroh, das Eichhörnchen Nüsse usw.
Einige Geschenke werden auch an mehrere Tiere ausgeteilt, zum Beispiel die Körner fressen Amseln, Krähen und Mäuse. Und was ist mit den Pfefferkuchen? Die sind „echt" und für die Kinder gedacht ...

Aus: *B. Cratzius/G. Könemund,* „Theaterstücke zur Weihnachtszeit". © Verlag Otto Maier, Ravensburg

Im Winterwald

Text: Barbara Cratzius Melodie: Paul G. Walter

2. Und unterm Blätterhügel kriecht
der Igel Egon vor.
Der hat im Traum schon was gehört,
er spitzt das Igelsohr.

3. Aus seinem Loch am Fichtenstamm
späht Ottokar, der Specht.
„Ratt – ratt" – schnarrt er, „geht's schon los?
Besuch – das ist mir recht!"

4. Die Haselmaus in ihrem Loch
ist auch schon aufgewacht.
„Fängt die Bescherung denn schon an?
Kommt Niklaus in der Nacht?"

5. Das Eichhorn Hansi hoch im Baum
ist wach und schnarcht nicht mehr.
Mit langen Sätzen schwingt es sich
von Ast zu Ast daher.

6. Da hoppelt überm Acker her
Has Langohr durch den Schnee.
Das Näschen schnuppert in die Luft:
„Gibt es bald frischen Klee?"

7. Fuchs Rotschwanz schnürt vom Felde her,
er klemmt den Schwanz brav ein.
„Glaubt mir, ich fang' heut keine Gans,
ich will ganz friedlich sein!"

8. Die Eule macht die Augen weit:
„Jetzt hab ich ihn erspäht!"
Sie heult es laut von Baum zu Baum:
„Am Berg den Schlitten! Seht!"

9. Die Kufen knirschen schon ganz nah,
der Esel schreit: „Ia!
Kommt alle her aus Feld und Wald,
der Nikolaus ist da!"

10. Und in die Futterkrippe legt
der Niklaus frisches Heu.
Die Amsel fliegt auf seine Hand:
„Ist was für mich dabei?"

11. An jedes Tier, an Has und Reh
hat Nikolaus gedacht,
und auch der rote Räubersmann
bekommt was in der Nacht.

12. Da gibt es Nüsse, Äpfel, Speck,
der Sack wird gar nicht leer.
„O komm bald, lieber Nikolaus,
zu uns doch wieder her!"

13. Dann ist es still im Winterwald,
schon schnarcht die Haselmaus.
Nun warten auf den Nikolaus
die Tini, Till und Klaus.

Gesprochen:
Seht – vor der Tür
stehn schon die Schuh!
Wer wartet am meisten??
Ich und du!!

Kannst du reimen?

Backe, backe Plätzchen,
komm, mein kleines ...

(Schätzchen)

Wolln wir süßen Kuchen backen?
Du darfst auch die Mandeln ...

(knacken)

Mond und Herzen und auch Sterne
braune Plätzchen ißt du ...

(gerne)

Komm, hilf mit und roll die Kugel,
morgen kann es ja schon tauen.
Darum wollen wir noch heute
einen großen Schneemann ...

(bauen)

Was wir uns Weihnachten wünschen

Ulrike wünscht sich einen Ball, gelb und blau,
der kann hoch hüpfen, hoppla, schau!

Hände zur Faust formen, hoch und nieder „hüpfen".

Der Peter wünscht sich die Feuerwehrleiter,
da klettert der Feuerwehrmann immer weiter.

Linke Hand ist die Leiter, der Zeigefinger der rechten Hand ist ausgestreckt, und der Feuerwehrmann klettert immer höher.

[Schleifen,
Kerstin wünscht sich die Puppe mit Zöpfen und
und die Puppenbluse mit bunten Streifen.

Schleifen und Streifen in die Luft malen.

Für den Bauernhof wünscht sich Michael einen Hahn,
Enten, Hühner und einen bunten Fasan.

Mit den Fingerspitzen vorwärts trippeln.

Der Hahn stolziert ganz vorne,
die Hühnerschar hinterher, so schnell sie kann.

Die linke Hand stolziert mit Daumen und Zeigefinger langsam voran, die Finger der rechten Hand trippeln hinterher.

Corinne wünscht sich den Teddybär,
der tappt auf schweren Tatzen her.

Die Hände sind ausgestreckt und tappen auf dem Schoß vorwärts.

Ein Dreirad wünscht sich so sehr der Mark,
mit Klingel und Wimpel, das wäre stark.

Die beiden Hände wehen als „Wimpel" hin und her, dazu können die Kinder rufen: Klingeling ...

[und Kanne,
Christine wünscht sich für die Puppenküche Töpfe
und Tassen und Teller und eine Pfanne.

Rührbewegung mit den Händen.

Andrik wünscht für das Kaspertheater das Krokodil,
das schwimmt durch den großen tiefen Nil.

Schwimmbewegungen machen.

Susanne möchte den Kasper mit der Zipfelmütze,
mit rotem Kragen und bunter Litze.

Zipfelmütze mit den Fingern in die Luft malen.

Andreas wünscht sich den König so sehr,
den Räuber und Polizist und noch viel mehr.

Königskrone in die Luft malen, Schießbewegung mit den Händen.

Und alle möchten vom süßen Teller versuchen,
mit Plätzchen und Kringeln und Pfefferkuchen.
Mit Nüssen und Äpfeln und Marzipan,
bringst du das alles, lieber Weihnachtsmann?

Kinder streichen sich behaglich den Bauch.

Vom Winterwind und der Sonne

Komm, Wind, zieh deine Hosen an,
die grauen Sturmwindhosen;
dann lauf die ganze Nacht ums Haus
mit lauter Stürmen und Tosen.

Komm, Wind, zieh deine Hosen an,
die dunklen Regenhosen;
klopf wild an unser Fenster an
mit Pladdern und mit Tosen.

Komm, Wind, zieh deine Hosen an,
nun tanzt von nah und ferne
ihr Flocken, hüpft herbei und schwebt
ihr weißen Schneeflockensterne.

Ihr setzt dem Zaun die Mütze auf,
die Blätter sollt ihr bedecken.
Da können Igel, Käfer, Maus
im weißen Bett sich verstecken.

Komm, Sonne, streck die Arme aus,
die warmen Strahlenhände!
Tipp all die weißen Flocken an,
bald ist der Winter zu Ende.

Spielgedicht,
auch als Klanggeschichte

Die Kinder sitzen auf dem Boden und pusten den Wind herbei. Ein Kind läuft als wilder Wind zwischen den Kindern umher, springt auch über sie hinweg. Mit Orff-Instrumenten kann das Tosen und Klopfen nachgeahmt werden. Wenn das Triangel (Glockenspiel) ertönt, tanzen einige Kinder als Schneeflocken im Raum umher. Sie ziehen pantomimisch den andern Kindern (Zaun, Tiere) mit ruhigen Handbewegungen eine „Schlafdecke" über. Am Schluß springt die Sonne herbei, tippt die einzelnen Schneeflocken an, die sich zurückverwandeln und wieder hinsetzen. Sie tippt auch die schlafenden Tiere an, die aufwachen. Die Sonne darf einen neuen Wind, neue Tiere, eine neue Sonne und Schneeflocken aussuchen. Das Spiel beginnt von neuem.

Ratespiel

Sammelt einige Käseschachteln gleicher Größe oder andere kleine gleich aussehende Schachteln. Ihr könnt sie hübsch bekleben. Nun geht das Spiel los.

Ihr füllt eine der Schachteln mit süßem Inhalt (Schokoladenstück, Weihnachtskekse, Nüsse usw.). Die Schachteln werden vor den Spielern auf dem Tisch hin- und hergeschoben. Nun müssen die Spieler raten, welche die gefüllte Schachtel ist. Diejenigen Kinder, die richtig geraten haben, teilen sich den Inhalt der Schachtel.

Heut rühren wir den Kuchen an

Auf die Melodie: „Laßt uns froh und munter sein“
zu singen – auch als kleines Bewegungsspiel –

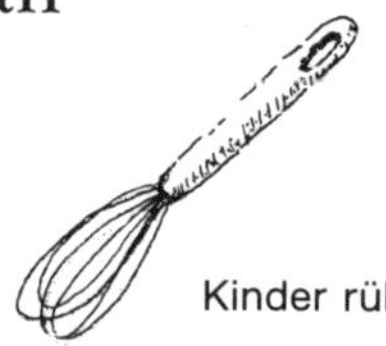

Heut rührn wir den Kuchen an
sag, was kommt da alles dran?
Butter, Zucker, Mehl ganz fein,
hei – bald wird der Kuchen fertig sein!

Kinder rühren pantomimisch.

Nußknacker, du stehst schon hier,
ganz viel Nüsse knacken wir.
Mandeln mahlen wir ganz fein,
hei – bald wird der Kuchen fertig sein!

Kinder knacken pantomimisch.

Schlag den Eischnee fest und weiß,
sind der Sirup und der Honig heiß?
Zimt, Vanille, schüttet rein,
hei – bald wird der Kuchen fertig sein!

Kinder schlagen den Eischnee.

Nun die kleinen Förmchen her,
Stern, Fisch, Monde sind nicht schwer.
Ich back' einen Nikolaus fein,
hei – bald wird der Kuchen fertig sein!

Kinder stechen den Teig aus.

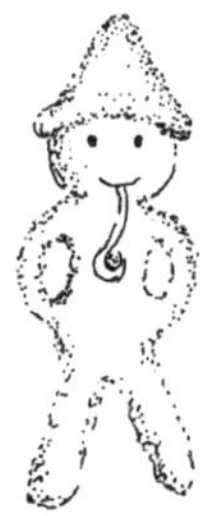

Nun schmück' ich die Kuchen aus,
Rosinen kriegt der Nikolaus.
Bleche in den Backofen rein,
hei – bald wird der Kuchen fertig sein!

Kinder schieben Bleche in den Backofen.

Bim, bim, bim – der Wecker macht,
das ging schneller als gedacht.
Schaun wir in den Ofen rein,
hei – nun soll der Kuchen fertig sein!

Wecker klingelt.
Kinder schaun durchs Backofenfenster.
Kinder tanzen herum.

Fingerspiel von der Herbergssuche

– für die Jüngsten –

Hu-hu, der Wind, der weht so kalt,
zwei Menschen ziehn durch den Winterwald.
Ganz müde gehn sie mit langsamem Schritt,
hoch oben am Himmel, der Stern, er zieht mit.

Die Kinder blasen in die hohlen Hände. Zeigefinger und Mittelfinger der linken Hand bewegen sich langsam vorwärts. Die rechte Hand steht als Stern mit ausgestreckten Fingern über ihnen.

Sie bleiben stehn vor einer Tür,
da fragt der Wirt: Was wollt ihr hier?“

Die rechte Hand bekommt eine Tür (oder ein Fenster) aus Pappe übergestreift. Der Zeigefinger der rechten Hand schaut aus dem Fenster heraus.

Maria und Josef:
„Ach bitte, bitte, laßt uns ein,
es ist so kalt, es fängt an zu schnein.

Die Zeigefinger und Mittelfinger bewegen sich „bittend“ auf und nieder; das Glockenspiel ahmt akustisch die fallenden Schneeflocken nach.

Erster Wirt:
„Kein Bett im Haus ist frei mehr heut,
zieht weiter, arme Wandersleut!“

Der Zeigefinger der rechten Hand bewegt sich verneinend hin und her.

Nun müssen die beiden weitergehn,
dort vor dem Haus, da bleiben sie stehn.

Die rechte Hand bekommt ein Papphaus übergestreift.

Maria und Josef:
„Ach bitte, bitte, laßt uns ein,
es ist so kalt, es fängt an zu schnein.“

Glockenspiel.

Zweiter Wirt:
„Kein Bett im Haus ist frei mehr heut,
zieht weiter, arme Wandersleut!“

Der Zeigefinger der rechten Hand, der aus dem Haus herausschaut, bewegt sich verneinend hin und her.

Nun müssen die beiden weitergehn,
dort vor dem Haus, da bleiben sie stehn.

Der Zeigefinger der rechten Hand bekommt ein drittes „Haus“ übergestreift.

Dritter Wirt:

„Kein Bett im Haus ist frei mehr heut,
doch hab' ich den Stall für euch arme Leut.
So geht bei den Tannen den Berg hinauf,
da hört ihr schon der Tiere Geschnauf.
Ein Ochs und ein Esel stehen dabei,
ihr findet viel Stroh und weiches Heu.

Maria und Josef:

Wir danken euch, du lieber Mann,
zum Stall ich Maria führen kann.
Zur Krippe wir gehen mit freudigem Schritt,
und oben der Stern, er zieht immer mit.

Maria:

Bald liegt unser Kind auf Heu und auf Stroh,
da sind alle Menschen auf Erden froh.

Der Zeigefinger zeigt den „Weg".

Dieses Fingerspiel für die Jüngsten kann auch als kleines Rollenspiel aufgeführt werden.

Wir malen Bilder im Dezember

Mal ein buntes Knusperhäuschen,
Hexe steht schon an dem Zaun.
Watterauch und Pfefferkuchen
sind so lustig anzuschaun.

Mal die Engel und die Hirten,
überm Stall den goldnen Stern,
laß die Heil'gen Könige ziehen
von weither zu ihrem Stern.

Schmück mit Kugeln und mit Herzen
deinen grünen Tannenbaum.
Wie die Kerzen glänzend strahlen,
das riechst du heut nacht im Traum.

Vorweihnachtliches Basteln

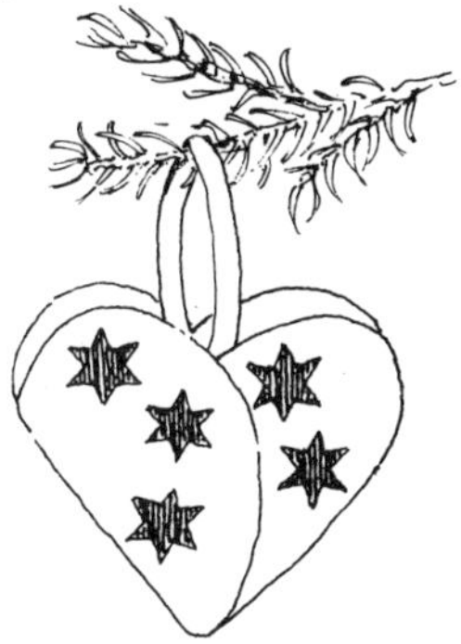

Herztäschchen

Material:
weißes Zeichenpapier oder Folie in zwei verschiedenen Farben (z. B. gold und rot)

Papier oder Folie falten und das Muster zweimal aufzeichnen. Die zwei ausgeschnittenen Teile (Herzhälften) so zusammenlegen, daß die Bruchkanten außen sind. Nun eine Hälfte etwas öffnen und die zweite hineinlegen, dabei liegen × und × aufeinander und bilden die Spitze. Die Rundungen werden zur Herzform geschoben, dann können die Hälften von beiden Seiten zusammengeklebt werden. Für den Henkel einen Streifen (1 cm × 14 cm) zuschneiden und innen festkleben.
Werden die Täschchen aus Papier geschnitten, können sie mit Filzstiften oder mit Klebebildchen verziert werden. 24 Herzchen, mit einer kleinen Überraschung gefüllt, ergeben einen hübschen Adventskalender.

(G. Erhardt)

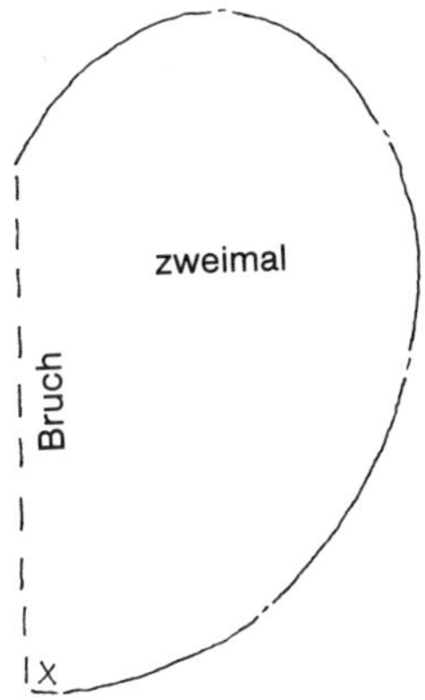

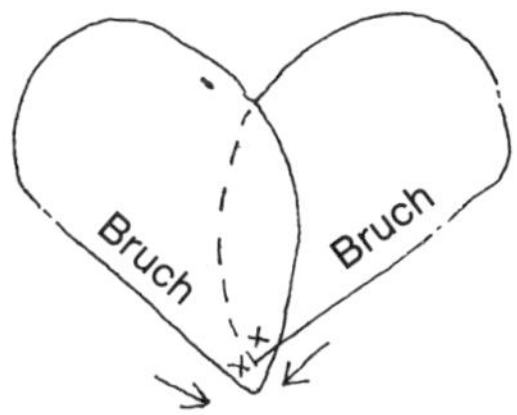

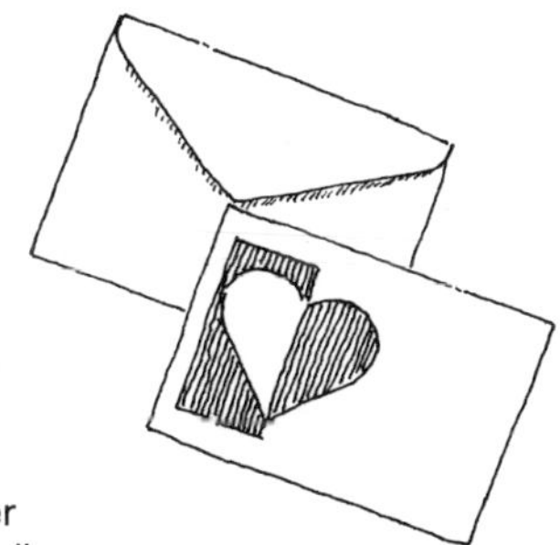

Karten-Grüße

Material:
Briefkarten, Tonpapier oder doppelseitige Folie

Mit dieser Technik können z. B. Brief- und Tischkarten oder Geschenkanhänger verziert werden. Auf einen rechteckigen Streifen Tonpapier oder Folie an einer oder an beiden langen Kanten das halbe Motiv aufmalen, ausschneiden und genau gegen die Außenkante des Rechtecks klappen. Die ausgeschnittenen Teile sorgfältig auf die bestimmte Karte kleben. Als Motive eignen sich z. B. Sterne, Tannenbäume, Äpfel, Herzen, Blüten, (Tulpen), Blätter, Bäume.

(G. Erhardt)

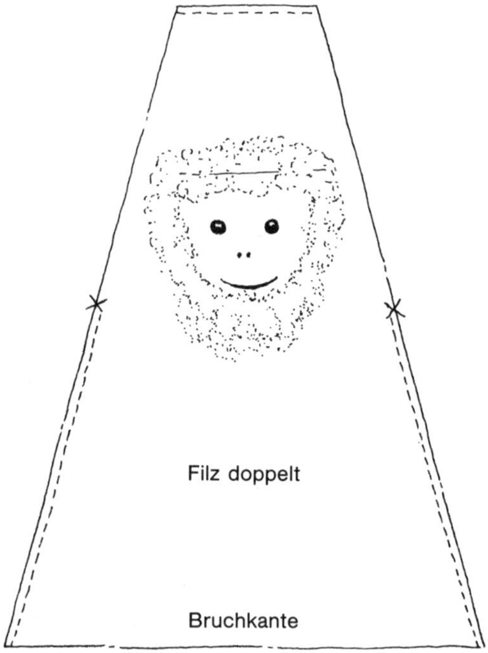

Nikolaussäckchen

Material:
Filz rot, rosa und schwarz
rotes Nähgarn, Nähnadel
oder Nähmaschine
Watte
Stift, Schere, Klebstoff

Den roten Filz nach Vorlage zuschneiden. Die Seitennähte bis X und den oberen Rand zusammennähen.
Die Gesichtsform aus rosa Filz ausschneiden und auf die Grundform kleben. Mit schwarzen Augen und roter Nase aus Filz bekleben. Das Gesicht wird mit Haaren und Bart aus Watte umrahmt.
Der Nikolaus ist eine hübsche Verpackung für kleine Geschenke und Naschereien.

(U. Weber)

Glockenstrang

Material:
Teppicheinfaßborte in dunkelbraun oder -grün (6,5 cm breit, 70 cm lang)
aufbügelbare Vlieseline
Filz in verschiedenen Farben
Messingring (∅ 2 cm)
Messingglocke
Klebstoff: Ponal

Die Teppichborte am oberen Ende 1 cm umlegen, unten zu einer Spitze einschlagen. Die ganze Rückseite mit aufbügelbarer Vlieseline versäubern und versteifen. Ring und Glocke annähen. Die Motive auf Filz aufmalen, ausschneiden und mit Ponal auf die Teppichborte aufkleben.
Für kleinere Kinder eignen sich die einfachen Motive von Seite 84, rechte Spalte, geübte Bastler können sich an die Motive dieser Seite wagen. *(G. Erhardt)*

Besatz und Bart: Watte od. Schafwolle

Servietten-Mütze

Material:
roter Fotokarton
Watte
Klebesternchen
Stift, Schere, Filzstifte
weiße Serviette

Die Mütze ausschneiden. Wattebausch am Mützenende bei „ × “ aufkleben. Serviette drachenförmig falten, offene Seite nach unten. Serviette mit der Spitze durch die Mütze ziehen. Mit Filzstiften ein Gesicht auf die Serviette malen. Die Mütze mit Klebesternchen verzieren.

(U. Weber)

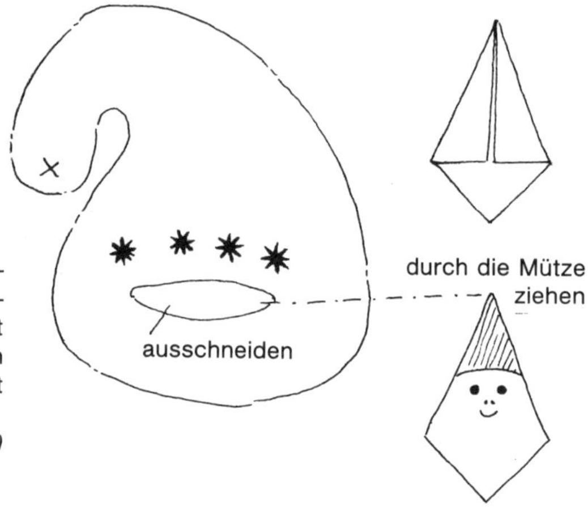

Backen mit Vergnügen

Sesam-Makronen „Hamster-Glück“

Habt ihr gewußt, daß sich die Hamster für den langen Winter eine richtige Vorratskammer mit vielen verschiedenen Körnersorten und Nüssen anlegen?
So eine „Vorratskammer“ können wir uns im Herbst auch anlegen; ich glaube nur, daß unsere „Hamstermakronen“ spätens kurz nach dem 1. Advent vernascht worden sind.
Wir haben auch noch einen besonderen Samen hinzugefügt, den unsere Hamster nicht kennen, weil die Pflanze in Indien wächst: Sesamsamen. Hier ist das Rezept:

7 Eßlöffel 6-Korn-Mehl; am besten kauft ihr 6-Korn-Körner, die ihr in einer alten Kaffeemühle selbst zu Mehl schrotet. In dem frischgeschroteten Mehl sind alle wertvollen Bestandteile des Korns besser enthalten, als wenn ihr abgelagertes Mehl in Tüten kauft.
6 Eßlöffel Haferflocken, 1 Ei, 3 Eßlöffel gemahlene Haselnüsse, 5 Eßlöffel Sesamsamen, 2 bis 3 Eßlöffel Honig, 3 Eßlöffel Butter
Zimt, Vanille

Ihr röstet auf einer schweren Eisenpfanne den Sesam goldbraun, dann fügt ihr das Mehl und die Haferflocken hinzu und röstet sie ebenfalls. Rührt häufig um, damit die Zutaten nicht zu braun werden! Am Schluß laßt ihr die Butter zerschmelzen.
Verrührt das Ei mit dem Honig und den Gewürzen; dann fügt ihr den Inhalt der Pfanne hinzu und vermischt alles gut miteinander. Setzt kleine Häufchen auf ein gefettetes Blech und laßt sie etwa 10 Minuten bei 150 ° backen.
Dann schaltet ihr den Herd aus und laßt die Makronen auf dem Blech hart werden.
Diese Makronen muß die Mutter gut verschließen, sonst …

„Was duftet denn in unserm Haus?
so denkt im Loch die Weihnachtsmaus.
Und knibber – knabber – knack – knack,
vier Plätzchen fehlen im Vorratssack!
Und knibber – knack, noch zwei dazu,
die sollten bestimmt in den Nikolausschuh.“

Dank- und Bittgebete im Dezember

Lieber Gott! Wir können es kaum erwarten, bis Weihnachten ist. Jeden Tag rückt der Tag näher, an dem dein lieber Sohn geboren ist. Wir überlegen, wie wir Mutter und Vater, den Geschwistern und Verwandten und auch vielen anderen Menschen eine Freude zu diesem Fest bereiten können. Es macht so viel Spaß, wenn wir etwas zeichnen und basteln, wenn wir die Kerzen anzünden und unsere Weihnachtslieder singen. Wir bitten dich für alle, die sich in der Weihnachtszeit nicht so recht freuen können. Wir bitten für alle Menschen, die krank sind und nicht genug zu essen haben, die keine Arbeit haben, die sich miteinander streiten.
Hilf allen Menschen, daß sie in die große Weihnachtsfreude miteinstimmen können. Amen

*

Wir sitzen an den dunklen Abenden im Dezember so gern zusammen um den Adventskranz. Immer mehr Kerzen dürfen wir anzünden. Wir singen Adventslieder und hören Weihnachtsgeschichten. Oft bastelt meine Mutter mit uns. In diesem Jahr dürfen wir helfen, den Weihnachtsbaum zu schmücken. Ich habe Goldsterne gefaltet und Tiere für die Weihnachtskrippe ausgesägt. Für meine Eltern und Großeltern haben wir schöne Weihnachtskarten bemalt.
Lieber Gott, wir danken dir, daß du uns zu Weihnachten deinen Sohn geschenkt hast. Wir möchten auch anderen Menschen von unserer Weihnachtsfreude abgeben. Dazu hilf uns, lieber Gott!

Januar

Jetzt kommt der Januar herbei,
der ist so kalt und weiß.
Er zwickt und zerrt uns an den Ohren
und bringt uns Frost und Eis.

Dem Fuchs, dem packt er in das Fell
und beißt ihm in das Bein.
Die schwarzen Raben auf den Ästen,
die hört ihr hungrig schrein.

Das macht uns Kindern gar nichts aus,
das wäre ja gelacht!
Nun holt doch schnell den neuen Schlitten!
Bahn frei und Platz gemacht!

Alte Bauernregeln und Volksgut für den Januar

Im Januar viel Regen, wenig Schnee,
tut Bergen, Tälern und Bäumen weh.

Zum heiligen Sebastian
fängt der rechte Winter an.

Ist's in der Neujahrsnacht finster und still,
fehlt es am Geld oder am guten Will'.

Wenn Gras wächst im Januar,
wächst es schlecht das ganze Jahr.

Januar warm – Gott erbarm!

Monats- und Tierrätsel

Wer weckt das neue Jahr
mit Stürmen, Schnee und Eis?
Wer macht die dunkle Welt
so strahlend – leuchtend weiß? (Januar)

Sitzt in unserem Vogelhaus,
und sieht so hungrig aus.
Gelb der Schnabel, schwarz das Kleid,
das ist die … zur Winterzeit. (Amsel)

Das Fingerspiel von den Monaten

Ein neues schönes Jahr beginnt,
das wollen wir spielen nun geschwind.

Der Januar ist als erster dran,
das ist ein strenger weißer Mann.
Die Flocken tanzen her von weit,
wir freun uns auf die Winterzeit.

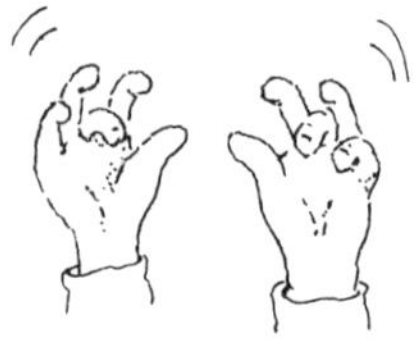

Die Hände werden über den Kopf gehalten und die Finger langsam zappelnd niedergesenkt.

Der Februar ist ein lustiger Mann,
die Faschingszeit fängt fröhlich an.
Du bist ein Cowboy, ich ein Clown,
auch Katz und Mäuschen kannst du schaun.

Die Kinder deuten pantomimisch ihre Verkleidungen an.

Im März, da kehren – welch ein Glück –
die Schwalben, Storch und Star zurück.
Die ersten Veilchen siehst du blühn,
die Bauern ihre Pflüge ziehn.

Die Kinder beschreiben mit ausgestrecktem Arme die Flugbewegungen der heimkehrenden Zugvögel.

Der April läßt es regnen, hageln, schnein
er kann auch warm und sonnig sein.
Dann bringt er uns zum Osterfest
viele bunte Eier im grünen Nest.

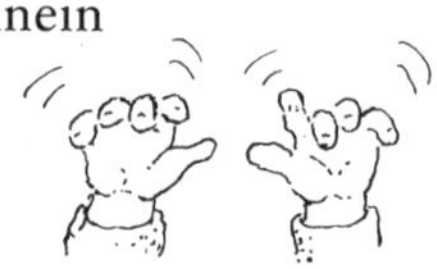

Die Kinder machen mit den Händen tröpfelnde Bewegungen. Danach formen die Hände ein Nest.

Der Mai, der läßt die Lämmer springen
und Amsel und Buchfink fröhlich singen.
Der Löwenzahn blüht und Vergißmeinnicht
und Gänseblümchen dicht an dicht.

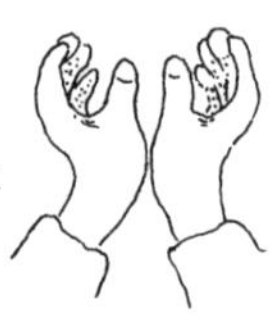

Die Finger öffnen sich zu Blütenkelchen.

Der Juni macht die Wiesen grün
und läßt den Mohn und die Rosen blühn.
Der Bauer mäht das fette Heu,
der Storch zählt seine Kinder 1–2–3.

Die Kinder ahmen die Mähbewegungen nach und zählen die Storchenkinder.

Der Juli, der wird sonnig und heiß,
wir lutschen kühles Himbeereis.
Wir planschen und springen ins Wasser hinein,
wir buddeln im Sand – oh – das wird fein.

Die Hände werden zur Eistüte geformt, an der wir lutschen. Die Hände ahmen das Planschen und Buddeln nach.

Für viele im August die Schule beginnt,
eine Schultüte kriegt manch ein Kind.
Ich pflück' die gelbe Birne mir,
diese Äpfel werf' ich runter zu dir.

Die Hände zur Schultüte formen, die Hand als Äpfel herunterwerfen.

September – das ist Drachenzeit,
wir lassen die Drachen fliegen weit.
Und hoch am Himmel die Vögel ziehn,
weit, weit, bis zum Nil nach Afrika hin.

Mit den Händen die „Drachen" über dem Kopf führen. Die Hand über die Augen legen, den Zugvögeln nachschauen.

Im Oktober sind die Felder leer,
er schickt uns Regen und Stürme her.
Die Maus sucht sich ein warmes Nest,
auch Maulwurf und Igel, die schlafen bald fest.

Die Hände lassen es regnen, dazu pusten, die Hände unter die Wangen und „schlafen".

Im November ziehn die Nebel dicht,
doch ganz von ferne leuchtet ein Licht.
Wir zünden die Laternen an,
wir feiern St. Martin, den guten Mann.

Mit den Fingern der rechten Hand die Fingerkuppen der linken Hand zart berühren. Die linke Hand als Laterne hochhalten.

Nun kommt leis der Dezember heran,
wir zünden hell die Kerzen an.
Seht ihr im Stall das Kindlein klein,
wir treten alle zur Krippe hinein.

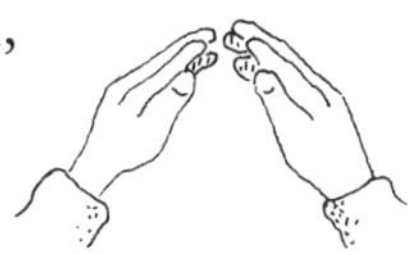

Wir berühren gegenseitig die Fingerkuppen und zünden gemeinsam viele Kerzen an. Am Schluß Hände zeltartig zusammenlegen.

Kleine Vogelfutterkunde im Januar

Was die Vögel besonders gern mögen:

Kohlmeisen
Hanfsamen, Kokosfett, Talg, Nüsse, Sonnenblumenkerne

Amseln
Rosinen, Apfelstücke, gekochte Kartoffeln

Spatzen
Sonnenblumenkerne, Hanfsamen, frisches Brot, Nüsse

Dompfaffen und **Grünfinken**
Wildvogelfutter, Hafer, Sonnenblumenkerne

Ein Vogelbaum im Januar

Weihnachten ist vorüber. Aber der Tannenbaum hat noch so viele grüne Nadeln. „Vati, unser Bäumchen ist viel zu schade zum Zerhacken! Können wir es nicht noch den ganzen Januar über in der Stube lassen?“ bettelt Janne. „Dann wird es wirklich zu nadeln anfangen!“ meint Mutter. „Vater hat eine viel bessere Idee. Wir machen einen richtigen Vogelbaum daraus. Draußen im Schnee kann er dann noch lange stehen, und wir können ihn vom Fenster aus beobachten.“

„O fein, ich kratze auch alle Kerzenhalter sauber!“ meint Janne begeistert. Dann hängt sie Meisenknödel und Fettringe mit Sonnenblumenkernen an die Zweige. Vater trägt den Baum im Ständer auf die Terrasse und bindet ihn noch an einem Haken an der Hausmauer fest.

Bald haben die ersten Meisen die Futterstelle entdeckt. „Mami, die Amseln können nicht so gut turnen. Guck mal, sie kriegen überhaupt keine Körner herausgepickt!“ ruft Janne. „Darf ich noch Sonnenblumenkerne auf den Boden streuen? Die anderen Vögel haben ja auch Hunger.“

Da kommen auch schon die Spatzen und Buchfinken und Goldammern angeflogen. Sogar die hübschen Dompfaffmännchen mit den leuchtend roten Köpfchen und die grauen Weibchen flattern herbei. „Ich hol’ noch das Pfefferkuchenmännchen vom Nikolaustag!“ ruft Janne. „Das ist ganz hart geworden.“ „Den Vögeln wird es bestimmt noch schmecken, ich brech’ es in viele kleine Stücke!“

Plötzlich ist ein Kreischen und Flügelschlagen über dem Haus zu hören. Eine Schar hungriger Möwen schießt mit gellenden Schreien hernieder und stürzt sich auf die Pfefferkuchenbrocken. Erschreckt stiebt die kleine Vogelschar auseinander. „Mami“, ruft Janne, „morgen bring’ ich den Möwen alte Brotreste ans Wasser. Auf die Terasse streu’ ich nur die Körner hin. Und an den Vogelbaum häng’ ich ein Schild: Hier ist der Tisch nur für kleine Singvögel gedeckt!“

Warum das Schneeglöckchen auch im Winter blühen darf

Vor alten Zeiten hat der Schnee noch keine Farbe gehabt. Da ging er zum Gras und sprach:

Grünes Gras, dich mag ich leiden,
ach, ich bitt' dich ganz bescheiden,
weil ich keine Farbe hab'
gib du mir von deiner ab!

Das Gras aber lachte ihn aus. „Sieh nur, wie der Wind mich zerzaust, wie die Sonne mich verdorrt. Hasen und Schafe und Kühe zupfen mir die letzten Halme ab. Und nun willst du, daß ich dir noch von meiner schönen grünen Farbe etwas abgebe? Nein, nein, geh nur weiter und frag anderswo!"
Traurig sah sich der Schnee auf dem Waldboden um. Zwischen den abgefallenen braunen Herbstblättern lugte ein Veilchen hervor. Wie gern hätte er etwas von der schönen lila Farbe abbekommen! Und er sprach:

Veilchen oh, ich mag dich leiden!
Und ich bitte ganz bescheiden.
Weil ich keine Farbe hab',
gib du mir von deiner ab!

Das Veilchen sah sich verwundert um. „Wer spricht mit mir?" fragte es.
„Unsichtbar bin ich wie der Wind!" sprach der Schnee. „Der bläst, wohin er will, und niemand kann ihn sehn. Ich möchte so gern eine Farbe haben, daß die Menschen, vor allem die Kinder, sich an mir freuen können im Winter."
„Sieh nur, wie klein und unscheinbar ich bin," antwortete das Veilchen. „Meine schöne Farbe möchte ich behalten. Frag woanders nach!"
Aber weder die Tulpe noch die Rose noch die anderen

Blumen hatten Mitleid mit ihm. Keiner wollte ihm von seiner Farbe etwas abgeben.
Der Schnee wurde ganz traurig. Da hörte ein Schneeglöckchen sein Jammern. Es rief:

Armer Schnee, du sollst nicht klagen,
kannst ein weißes Kleid nun tragen!
Weiße Farbe, hell und schön,
alle solln dich leuchten sehn!
Wenn die Wintersonne glänzt,
sind Baum und Strauch ganz weiß bekränzt.

Der Schnee aber zog glücklich seine neuen weißen Kleider an.
Und im Winter, wenn alle anderen Pflanzen frieren, umhüllt er das Schneeglöckchen mit zarten Händen und läßt es in Eis und Schnee grünen und blühen.

Januar

Weiß sind alle Wege
weiß sind Strauch und Baum,
und die Rosensträucher
siehst du kaum.

Dort am Vogelhäuschen
tschilpt die Amselschar.
Doch ich find' den Winter
einfach wunderbar.

Holt heraus den Schlitten!
Los, 'ne Schneeballschlacht!
Denn vielleicht schon morgen
ist vorbei die Pracht.

Winters Ankunft

Im weißen Pelz der Winter
steht lange schon hinter der Tür. –
„Ei, guten Tag, Herr Winter,
das ist nicht hübsch von dir!
Wir meinten, du wärst, wer weiß, wie weit;
da kommst du mit einmal hereingeschneit.
Nun, da du hier bist, da mag's schon sein,
aber was bringst du uns Kindern herein?" –
„Was ich euch bringe, das sollt ihr wissen:
Fröhliche Weihnacht mit Äpfeln und Nüssen
und Schneeballen,
wie sie fallen,
und im Jänner
auch Schneemänner."

Hermann Kletke (1813–1886)

Das Büblein auf dem Eise

Gefroren hat es heuer,
noch gar kein festes Eis.
Das Büblein steht am Weiher
und spricht so zu sich leis:
„Ich will es einmal wagen,
das Eis, es muß doch tragen."
Wer weiß?

Das Büblein stampft und hacket
mit seinem Stiefelein.
Das Eis auf einmal knacket,
und krach! schon bricht es ein.
Das Büblein platscht und krabbelt
als wie ein Krebs und zappelt
mit Arm und Bein.

„O helft, ich muß versinken
in lauter Eis und Schnee,
o helft, ich muß ertrinken
im tiefen, tiefen See!"
Wär' nicht ein Mann gekommen,
der sich ein Herz genommen,
o weh!

Der packt es bei dem Schopfe
und zieht es dann heraus,
vom Fuße bis zum Kopfe
wie eine Wassermaus.
Das Büblein hat getropfet,
der Vater hat geklopfet
es aus
zu Haus.

Friedrich Güll

Was ist das?

Hui, der Wind bläst um das Haus,
heute gibt es Eis und Schnee.
Komm, wir holn die Schlittschuh raus,
laufen runter an den See.

Und ich stapfe übers Eis,
Blumen blühen nun nicht mehr.
Doch was blüht am Fenster weiß?
Wer bracht uns die Blüten her?

Geh nur nicht so nah heran,
mit dem warmen Atem, Kind.
Ob der Winter zaubern kann?
So – nun rate du geschwind! (Eisblume)

Der Schneemann auf der Straße

Der Schneemann auf der Straße
trägt einen weißen Rock,
hat eine rote Nase
und einen dicken Stock.

Er rührt sich nicht vom Flecke,
auch wenn es stürmt und schneit.
Stumm steht er an der Ecke
zur kalten Winterszeit.

Doch tropft es von den Dächern
im ersten Sonnenschein,
da fängt er an zu laufen,
und niemand holt ihn ein.

Robert Reinick (1805–1852)

Das Märchen von den zwölf Monaten

Hoch in den Bergen lebte einmal eine alte arme Frau. Im Sommer sammelte sie sich in den Wäldern Beeren und Pilze und im Winter holte sie sich Brennholz für den Kohlenofen.
An einem kalten Winterabend ging sie ganz erschöpft mit einem Sack voll Holz durch den Wald. Es hatte zu schneien angefangen. Müde setzte sie den Sack ab und suchte nach einem Unterschlupf, denn ihr Weg war noch weit.
Da bemerkte sie ganz in der Nähe eine große Höhle, die sie früher nie gesehen hatte. Sie ging hinein und sah zwölf schöne Jünglinge in vielen verschiedenen Kleidern darin sitzen.
Der erste, der gleich am Eingang der Höhle saß, trug ein langes weites Gewand mit vielen weißblauen und leuchtend bunten Sternen darauf. Sie glitzerten in den Strahlen der Wintersonne, daß ihr fast die Augen wehtaten.

> Komm, du darfst auch nähergehn
> und die Sterne glänzen sehn!

lachte der Jüngling und schwenkte sein Gewand herum. Da tanzten die Sterne auf und nieder, daß der alten Frau ganz schwindlig wurde.
„Das sieht ja fast aus wie in der Silvesternacht, wenn die Menschen unten im Dorf ihre Leuchtraketen in den Himmel schießen!“ fuhr es der alten Frau durch den Kopf. Dann trat sie ganz erschreckt einen Schritt zurück. Ein lustiger bunter Geselle sprang ihr entgegen. Er schwenkte seine Narrenkappe, daß die Schellen flogen. Mit vielen bunten Schleifen war seine Jacke besetzt, und sein lustiger roter Clownsmund lachte von einem Ohr zum anderen.

> Nun kommt und laßt uns fröhlich ein,
> ich lad' zum Karneval euch ein!

rief der Jüngling. Er nahm die Alte an die Hand und schwenkte sie ein paarmal herum. Sie kam so außer Atem, daß der nächste Jüngling sie mit ausgebreiteten Armen auffangen mußte. „Sei doch nicht so wild!“ schimpfte der dritte Jüngling. Der sah ernst und fast hager aus, so, als ob er eine ganze Weile nichts Gutes mehr gegessen hatte.
„Dich müßte man ein bißchen aufpäppeln!“ dachte die alte Frau fürsorglich. „Nein, nein, fasten hält Leib und Seele gesund!“ lachte der dritte Jüngling. Er holte aus seinen tiefen Taschen ein paar Veilchen und ein gelbes Himmelsschlüsselchen und steckte sie der Frau an ihren grünen Rock. „Was seid ihr für freundliche, liebe Gesellen!“ sagte die alte Frau und schaute von einem zum anderen.
Der vierte Monat sah besonders lustig aus. Die eine Seite seines Gewandes war mit grauen Troddeln behängt, die andere Seite war mit vielen kleinen hellen Sonnen bestickt.
Die eine Hälfte des Gesichtes sah mit den hängenden Mundwinkeln aus, als ob er weinen würde; die andere Hälfte zeigte ein helles freundliches Lachen.
Nicht einen Augenblick konnte er stillsitzen; er tobte und jagte lustig herum und sang:

Nein, ich sitze niemals still,
ich mach' stets, wie ich es will.
Schick' mal Regen, mal Sonnenschein,
Menschen, stellt euch darauf ein!

Die alte Frau lachte und ließ ihre Augen weiterwandern. Sie freute sich über den fünften Jüngling, der viele braune Maikäfer aus den Taschen zog.
Der sechste Jüngling hatte brennend rote Mohnblumen auf blaue Kornblumen auf sein Gewand gemalt.
Der siebente hatte die Taschen voll mit weißem Sand und blitzenden Muscheln.
Der achte trug einen großen Korb mit Kirschen und Äpfeln mit sich.

Der neunte Jüngling hatte einen Farbtopf und einen Pinsel in der Hand. Sein Kittel war mit leuchtenden bunten Herbstblättern besetzt.
Der zehnte Jüngling trug ein Gewehr geschultert, und in den Taschen steckten Kastanien und Nüsse.
Der elfte Jüngling wedelte mit einem riesigen Taschentuch und hustete und prustete, daß die alte Frau einen großen Schritt zurückwich.
Als er die Hände hob, legte sich ein zarter grauer Nebelschleier vor die Höhle.
Der zwölfte Jüngling holte kleine rote Herzen, braune Pfefferkuchen und viele bunte Kerzen aus seinen Taschen hervor.
„Was seid ihr für eine fröhliche Gesellschaft!“ lachte die alte Frau.
„Vielleicht magst du mich nicht?“ fragte ängstlich der elfte Jüngling und nieste noch einmal ganz laut.
„Mir gefällt ein jeder von euch!“ lachte das alte Mütterchen. „ Keiner von euch ist besser oder schlechter als der andre. – So nun bin ich aber ausgeruht und muß wieder nach Hause gehen!“
Die Jünglinge stopften ihr noch einmal viele Hände voll Moos und trockenes Laub in den Sack, schüttelten ihn und banden ihn fest zu.
„Behüt euch Gott!“ rief das alte Mütterchen, und die Jünglinge winkten ihr noch lange nach.
Als sie zu Hause ankam und den Sack öffnete, fand sie lauter Goldstücke darin. Sie konnte bis an ihr Lebensende ohne Sorgen leben.

Im Haus nebenan wohnte eine arme alte Frau. Der ließ es keine Ruhe, bis sie erfahren hatte, woher der Reichtum der Nachbarin stammte. Da lief sie auch in den Wald und füllte den großen Sack mit Holz.
Sie fand auch den Weg zur Höhle und sah die zwölf Jünglinge darin sitzen. Ihre Hände und Füße waren durchgefroren.
Sie lief unwillig auf den ersten Jüngling mit den vielen

weißen Schneesternen auf dem Gewand zu und rief: „Was ist das bloß für eine Kälte hier draußen! Arm und alt bin ich und muß den ganzen Winter über Holz sammeln!"
„So, magst du die Wintermonate nicht leiden?" fragte der Jüngling.
„Ich bin froh, wenn sie vorüber sind!" klagte die alte Frau.

Weh – weh – Winterzeit,
da tu ich mir selber leid!

stieß sie wütend hervor.
„Und wie ist es mit den anderen Monaten?" fragten die Jünglinge. Der vierte Monat sprang fröhlich hervor und zeigte seine Regen- und seine Sonnenseite.
„Ach, der launische April, der soll nur bleiben, wo er will!" schimpfte die Alte.
„Im Mai maunzen die Kater nachts so laut, und im Juni kriege ich Heuschnupfen. Im Juli und August kann ich schlecht schlafen, so heiß ist es. Der September bringt wurmstichige Äpfel und verfaulte Beeren, der Oktober reißt mir mit seinen Stürmen die Ziegel vom Dach. Im November krieg' ich Husten und Grippe, und im Dezember ist es dunkel und kalt.

Bös und dunkel ist die Welt,
nein, kein Monat mir gefällt!

brummte sie zornig.
Da hoben die Jünglinge schweigend den Sack hoch und legten ihn der unzufriedenen Frau auf den Rücken. Als sie ihn zu Hause öffnete, fand sie nichts als trockenes Heu und welkes Laub darin.
Mehr hat sie wohl nicht verdient, findet ihr nicht auch?

(frei erzählt nach einem alten Märchen aus Griechenland)

Diese Geschichte könnt ihr vielseitig verwerten. Ihr könnte lustige Bilder von den Monaten malen. Auch könnt ihr ein Spiel mit verteilten Rollen daraus entwickeln. Vielleicht macht auch ein Schattenspiel oder ein Puppenspiel Spaß.
Oder ein kleines Spiel mit lustigen Fingerpuppen? Dabei bekommt jeder Monat sein eigenes fröhliches Farbenkleid.

Kannst du raten und reimen?

Unserem Schneemann fehlt die Nase
und vom Kopf der alte Topf.
Wind, der ist ums Haus gebraust,
hat gezerrt und hat gesaust.
O weh – o weh, was lag da im Schnee!
Der Topf und die Nase.
Der Topf ist noch da, der schwarze Fleck,
aber die Nase – ist weg!
Da ist jemand gekommen
und hat sie genommen,
die Mohrrübennase.
War das – ein –? (Hase)

*

Unsre Straße ist voll Eis,
Zaun und Dächer funkeln ... (weiß)

Los – wir schliddern auf dem See,
und wir rodeln auch im ... (Schnee)

Und am Schluß – so komm und schau
baun wir dem Schneemann eine ... (Frau)

Aus: *B. Cratzius,* „Noch mehr „Fingerspiele und andere Kinkerlitzchen".

Teddy im Winter

Teddy, willst du spazieren gehn?
Draußen ist's kalt, das wirst du ... (sehn)

Der Puppenmantel ist warm und schön,
damit kannst du nach draußen ... (gehn)

Die Puppenstiefel sind groß und schwer,
damit tappst du gleich hin und ... (her)

Die bunte Mütze noch zum Schluß.
damit der Teddy nicht frieren ... (muß)

Nun nehm' ich dich auf meinen Schoß,
dann geht die Schlittenfahrt gleich ... (los)

Zungenbrecher im Januar

Wenn es im neuen Jahr
den Jaguar Joachim
jäh an der Ferse juckt,
dann jagt er los
und jagt und jagt
und hätte beinahe
den Jäger Jakumeit
jaulend an der Jacke
gepackt.

Schachteln

Text: Barbara Cratzius Melodie: Paul G. Walter

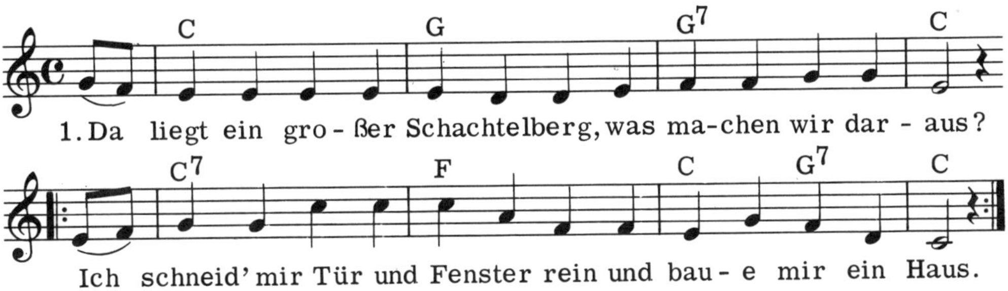

2. Da liegt ein großer Schachtelberg
für einen Schachtelwurm.
Wir kriechen vorn und hinten rein,
dann bau' ich einen Turm.

3. Ich weiß ein tolles neues Spiel:
ein Wettlauf mit Kartons.
Und wer der große Sieger ist,
kriegt Lollis und Bonbons.

4. Wir reisen mit der Eisenbahn,
zehn Schachteln hängen dran.
Da fahren stolz wir nach Berlin
und halten gar nicht an.

5. Wir stülpen Schachteln auf den Kopf,
spieln Robotmann und frau,
wolln Schildkröt und mal Stachelschwein,
und sogar Riese sein.

6. Nun schneiden wir ein großes Loch
und malen Knöpfe dran,
dann sag' ich in der Tagesschau
ganz stolz das Wetter an.

7. Nun kennt ihr auch den Schachtelberg,
so baut noch mehr daraus!
Ein Westernfort, Piratenschiff,
denkt euch das Tollste aus!

Spielanweisung:
Den Kindern wird mit den vielen kleinen und großen Kartons sicher noch viel mehr Aktivitäten einfallen, als hier im Lied beschrieben sind: Wir können Autos, Hubschrauber und Schiffe aus den Schachteln bauen, wir können Paketbriefträger spielen, lange Kartontunnel bauen, eine Monster-Gespensterparty feiern, kleine und große Schachteltiere daraus basteln.

Rätsel-Mallied

Komm her und hör mir zu:
ich mal' einen Kreis,
der ist innen ganz weiß
und noch einen malst du,
den dritten mal' ich,
mit einem dicken Strich
und ein Halbmond darunter,
zwei Punkte darüber,
erkennst du das nicht?
Das ist ein Gesicht.
Und auf den Kopf
malst du einen Topf
Der Stock,
der kommt an die Seite dran,
na – siehst du –
er lacht – unser weißer ... (Schneemann)

Spiele im Winter

Marienkäfer

Sachbezug: Marienkäfer können an geschützten feuchten Stellen, wie z. B. unter Efeublättern an einer Hausmauer überwintern. Sie kriechen ganz dicht zusammen, um sich gegenseitig zu wärmen.

Ausführung des Spiels: In der Mitte des Raumes wird ein Haus aufgestellt, ein Puppenhaus oder ein großes Papphaus. Die Marienkäfer fliegen mit ausgebreiteten Armen um das Haus herum. Sie können ein rotes Tuch mit aufgeklebten schwarzen Punkten um den Hals tragen, oder rote Papierflügel werden auf den Rücken gebunden. Wenn die entsprechende Punktzahl genannt wird, drehen sich die aufgerufenen Käfer ein paarmal im Kreis herum und fliegen dann weiter. Ein Kind ist der Winterwind, der heulend und pustend durch den Raum läuft. Er kann ein weites graues Tuch tragen, das hinter ihm herflattert. Die Kinder im Kreis, die gerade nicht Marienkäfer spielen, heulen und pusten mit. Sie begleiten den Winterwind mit Orff-Instrumenten, Klangstäben, Handtrommeln, Becken. Ein Marienkäfer lockt die anderen: „Kommt hierher an die Mauer, da ist es warm!" Die Marienkäfer drücken sich eng zusammen und „schlafen".
Auf das akustische Signal des Triangels kommt leise die „Sonne" hinter dem Haus hervorgeschlichen. Sie kann einen gelben Strahlenkranz tragen. Sie vertreibt den Winterwind, der heulend davonfährt. Die Sonne tippt nacheinander die Marienkäfer an, die sich recken und strecken. Dann kann das Spiel von vorn beginnen, dabei können die Rollen gewechselt werden.

Schneeflockenblasen

Die beiden Kindergruppen sitzen sich am Tisch gegenüber. In der Mitte des Tisches werden einige Schneeflocken (Wattebällchen) gelegt. Nun versuchen die Kinder durch Pusten, eventuell durch Strohhalmpusten, die Schneeflocken auf die gegenüberliegende Seite des Tisches zu pusten. Jedesmal, wenn eine Gruppe einen Schneeball über die Tischkante der anderen Mannschaft geblasen hat, bekommt sie einen Punkt. – Die Gruppe, die als erster fünf Punkte erreicht hat, ist Sieger.
Die Erzieherin kann dabei rufen:

Flocken, Flocken, fliegt im Wind,
wir blasen, wir blasen euch geschwind.

Korbball im Schnee

Dazu brauchst du eine alte Waschmitteltrommel oder einen alten Eimer, den du mit Plakafarbe bemalst. Wenn du sie mit Klarlack anstreichst, werden die Farben wasserfest. Nun stellt ihr euch in einer festgelegten Entfernung von eurem Ziel auf und versucht, eine bestimmte Anzahl von Schneebällen hineinzuwerfen. Wenn ihr den Sieger ermitteln wollt, muß einer von euch die Anzahl der Treffer aufschreiben. Bewahrt eure Behälter gut auf, in der warmen Jahreszeit könnt ihr das Spiel mit Gummi- oder Tennisbällen fortsetzen.

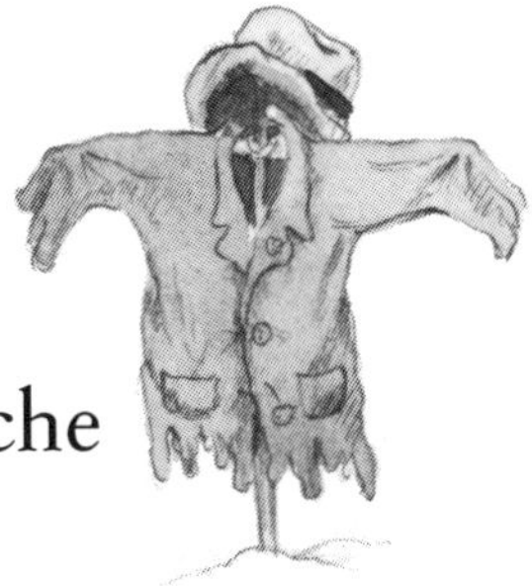

Vogelscheuche im Winter

Die Kinder sitzen im Kreis. In der Mitte steht ein Kind steif und stumm als Vogelscheuche mit ausgebreiteten Armen. Einige Kinder flattern als hungrige Vögel um die Vogelscheuche herum. Die Erzieherin ruft mit einigen Kindern:

Was steht denn da auf kahlem Feld
aus Holz, so starr und stumm?
Du schwarzer Mann, du steifer Mann,
so dreh dich einmal um!

Alle Kinder singen auf die Melodie „Alle meine Entchen":

Ach, du starrer Mann du,
steif und stumm.
Dreh dich, dreh dich, drehe dich
dreh dich einmal um!

Der Winterwind fegt übers Feld,
und draußen ist es kalt.
Wir finden nichts zu picken mehr
an Baum und Strauch im Wald.

Kinder singen s.o.

Was stehst du denn so starr und stumm
mit deinem alten Rock?
Drohst du uns noch, du steifer Mann
mit deinem dicken Stock?

Kinder singen s.o.
(Kinder können der Vogelscheuche noch mal eine lange Nase zeigen.)

Stehst du den ganzen Winter lang
und kannst dich nicht mal drehn?
Dann kitzeln wir dich hier am Kinn,
wir wolln dich laufen sehn!

Ein Kind kitzelt die „Vogelscheuche", und auf ein akustisches Signal hin wird der „steife Mann" lebendig und versucht, ein Kind zu fangen. Dieses Kind spielt dann die Vogelscheuche, und das Spiel beginnt von neuem.

Verschiedene Verlage, u.a. der Als-Verlag, Postf. 700661, 6000 Frankfurt, bieten Kalender mit zwölf Monatsblättern zum Gestalten an.
Hier sind Malvorschläge für die verschiedenen Monate, die mit Fingerfarben, Filzstiften oder Tusche ausgeführt werden können.

Wir malen Bilder im Januar

Kaltes Blau nimm für den Winter,
rot ist Schneemanns Rübennase.
Übers Feld, da hoppelt, hoppelt,
schau – ein kleiner brauner Hase.

Für die Wiesen nimmst du Weiß,
kahl der Baum dahinter,
und die schwarzen Krähen schrein:
Spürst du schon den Winter?

Du kannst auch drei Könige malen,
Melchior, Balthasar und Kaspar.
Mit dem großen goldnen Stern
ziehen sie ins neue Jahr.

Beschäftigung, die Spaß macht

Selbstgemalte Kalender

Habt ihr nicht Lust, jeden Monat ein Kalenderblatt nach euren eigenen Ideen zu malen? Das gibt dann am Ende des Jahres ein schönes Weihnachtsgeschenk. In jedem Monat haben wir euch einige Verse abgedruckt (für den Januar s. oben), die Anregungen zum Malen bieten.
Ihr seht hier 12 Bilder, die Michael für jeden Monat des Jahres gemalt hat. Er hat nur die Ziffern falsch aufgeschrieben.
Ob ihr die richtige Reihenfolge für die Monate finden könnt? Mit dem Schneemann (1) soll das Jahr anfangen.

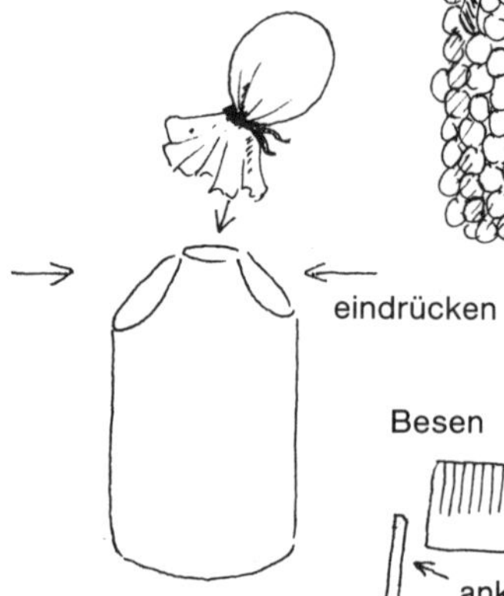

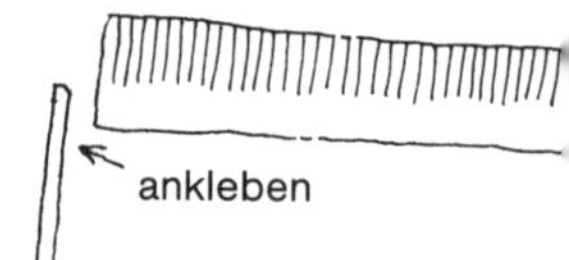

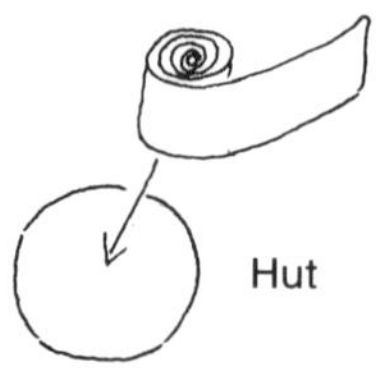

Schlitten

Material:
Tonpapier, Streichholzschachtel
Schere, Klebstoff
evtl. Klebeherzen- oder Sterne

Das Schlittenmuster auf Tonpapier übertragen und ausschneiden. Die gestrichelten Linien falzen und nach unten biegen. Eine Streichholzschachtel auf der Oberseite und den beiden langen Kanten mit Klebstoff einstreichen und den Tonpapierschlitten darüber kleben.
Die Seitenkanten mit Herzen, Sternen usw. bekleben oder mit Filzstiften bemalen. *(G. Erhardt)*

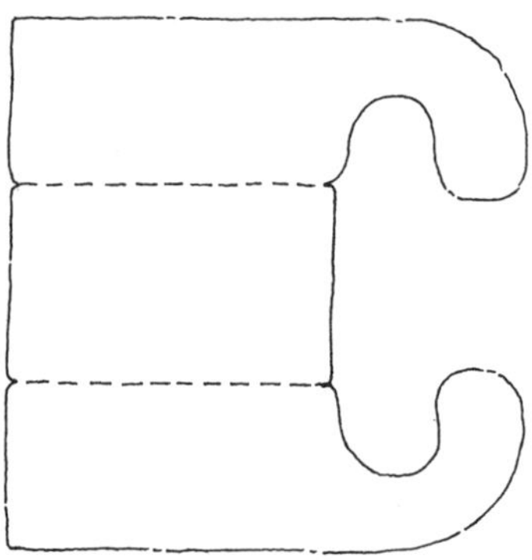

Schneemann

Material:
Toilettenpapier-Rolle
weißes Kreppapier (Reste in rot und schwarz)

Den Kopf aus Watte oder geknülltem Papier formen, auf ein Stück Kreppapier legen und mit einem Faden abbinden.
Für den Körper eine Toi-rolle auf ca. 8 cm kürzen und an den gegenüberliegenden Seiten des einen Endes eindrücken. Dahinein wird der Kopf gesteckt und festgenäht. Nun aus Krepp kleine Quadrate schneiden (ca. 5 × 5 cm), zu festen Schneebällen knüllen und den Körper dicht damit bekleben. Die Knöpfe sind natürlich schwarz.
Die Nase wird aus einem roten Kreppstreifen aufgerollt; der Zylinder besteht aus einem langen Streifen, der dann aufgerollt auf einen Tonpapierkreis geklebt wird. Augen und Mund aufmalen. Für den Besen z.B. einen Kreppstreifen wie einen Kamm einschneiden und um einen Holzspieß kleben. *(G. Erhardt)*

Faltschnitt-Schneemann

Material:
weißer Zeichenkarton
Filzstifte

Für diesen Schneemann braucht man ein langes Rechteck aus weißem Karton (40 × 10 cm). Das wird in der Mitte gefaltet, so daß die schmalen Kanten aufeinanderliegen. Nun malt man einen Schneemann so auf, daß die Bruchkante das obere Ende des Zylinders ist. Nach dem Ausschneiden der Form werden Augen, Nase, Mund und Knöpfe aufgemalt. Ein Reisigbesen aus braunem Karton fehlt noch, dann ist der Schneemann fertig. *(G. Erhardt)*

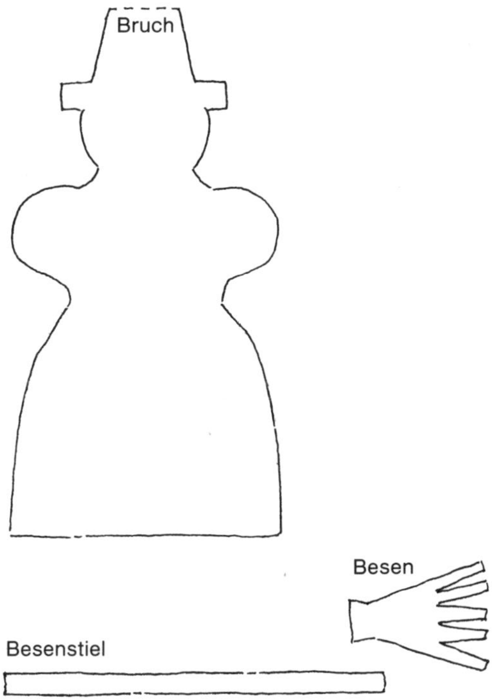

Frau Holles Apfelsuppe (oder Holundersuppe) mit Schneeflocken

Wir benötigen:
6 Äpfel (etwa 1 kg)
ungespritzte Zitronenschale
etwa 1 bis 2 l Apfelsaft (oder Holundersaft), je nach Anzahl der Kinder
14 Eßlöffel Buchweizenmehl
3 Eßlöffel Honig
4 Eßlöffel gemahlene Haselnüsse
3 Eier
2 Tassen Milch

Ihr schälft die Äpfel und dünstet sie mit der Zitronenschale in 4 Tassen Wasser, bis sie weich sind.
Koch die Milch auf und gebt das Buchweizenmehl zu. Rührt es glatt und schlagt es tüchtig durch, bis sich ein Kloß bildet.
Dann verrührt ihr das Eigelb mit den Nüssen und dem Honig und vermischt es mit dem Buchweizenkloß.
Nun formt ihr mit zwei Eßlöffeln längliche Klöße und laßt sie in leicht gesalzenem Wasser ziehen.
Dann erwärmt ihr den Apfelsaft zusammen mit etwas Honig, gebt die Apfelspalten und Klöße zu und laßt zum Schluß die Eischneeflocken darauf schwimmen.
Wenn vom Buchweizenkloß etwas übrig bleibt, könnt ihr kleine Makronen davon backen!

Kronen für die Weisen aus Goldfolie und Kreppapier

Für eine Krone brauchst du drei Streifen aus Goldfolie. Jeder Streifen ist 50 cm lang und 4 cm breit. Klebe den ersten Streifen zu einem Kreis zusammen.

Die beiden anderen Streifen werden kreuzweise im Bogen auf den Kreis geklebt, wie die Zeichnung zeigt.

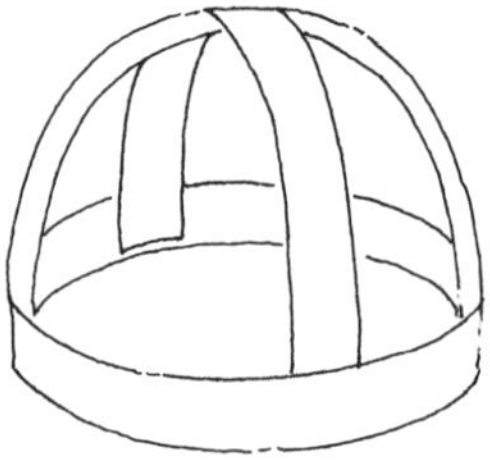

Schneide aus rotem Kreppapier ein Rechteck zu: 50 cm x 25 cm.

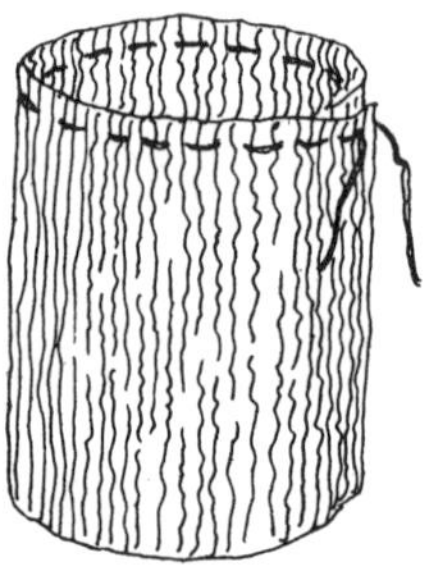

Klebe das Kreppapier an den schmalen Seiten zusammen und ziehe den oberen Rand mit einem Faden fest zusammen.

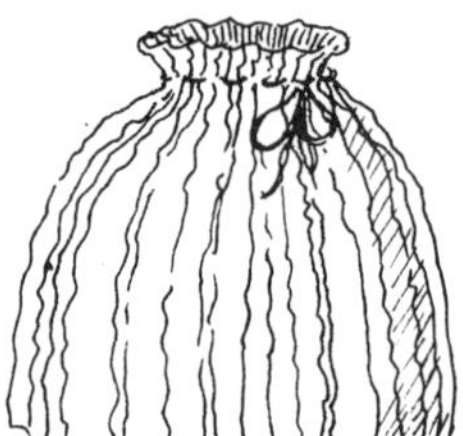

Wende die Außenseite dieses Kreppapierhelms nach innen und klebe ihn in die Krone aus Goldfolie.

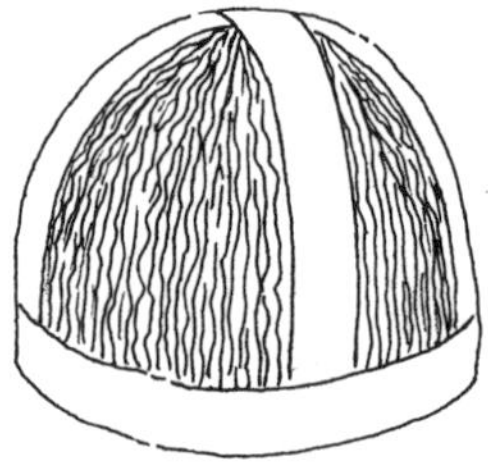

Zur Verzierung der Krone schneide aus farbiger Metallfolie kleine Kreise aus, schneide sie bis zum Mittelpunkt einmal ein und forme spitze Hütchen.

Sie werden wie Edelsteine auf den Reifen der Krone geklebt.

Auf die Spitze der Krone setzen wir eine Kugel aus Goldfoliestreifen.

Du brauchst dazu 4 Streifen: 10 cm lang, 1 cm breit

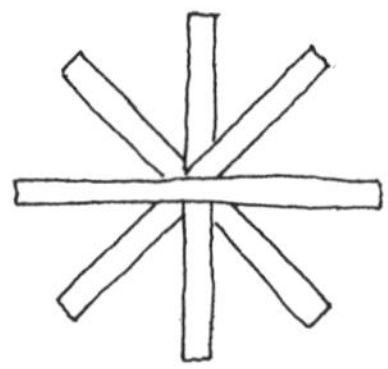

(E. Scharafat)

Impulse für die Gestaltung des Dreikönigsfestes am 6. Januar

Die Bibel erzählt, daß es drei Weise gewesen waren, die den leuchtenden Stern gesehen hatten und ihm gefolgt sind. Sie hatten in den alten Schriften von der Ankunft eines neuen Königs gelesen. Aus fernen Ländern haben sie sich aufgemacht, um den neugeborenen Herrscher zu suchen. Am 6. Januar wird in vielen Gegenden Deutschlands das Fest der Heiligen drei Könige gefeiert.

Text: Barbara Cratzius Melodie: Herbert Ring
© bei den Autoren

Zu dem kleinen Dreikönigslied können die drei Könige langsam und würdevoll im Kreis herumziehen. Mit Schellentrommeln, Klanghölzern, Triangel und Glockenspiel kann der Zug der Könige begleitet werden. Aus einer Papprolle läßt sich ein Fernrohr basteln.

Es folgen Bastelvorschläge für Königskronen. Die Farbe des Kreppapiers kann variiert werden, so daß verschiedene Kronen entstehen. Die weiten Königsmäntel können aus Gardinenresten mit leuchtend bunten Farben genäht werden.

Die Könige schauen immer wieder zum Himmel und verfolgen den Lauf des hellen Sterns.

Am Schluß können sich alle Kinder im Kreis dem Zug der Könige anschließen.

Die Könige sprechen langsam und würdevoll:

Melchior: Ich such' in den Büchern Tag für Tag,
was solch ein Stern bedeuten mag?
Er läuft voraus, er steht nicht still,
was dieser Stern von uns nur will?

Balthasar: Es strahlt am Himmel hell der Schein
wir ziehn durch die Wüste, durch Sand und Gestein.
Das ist ein Stern, von Gott gesandt,
er führt uns in dieses heiße Land.

Kaspar: Auch ich hab' den leuchtenden Stern gesehn,
er sagt uns, ein Wunder ist geschehn.
Der Weg ist lang, doch es führt uns sein Schein
nach Bethlehem in den Stall hinein.

Alle drei Könige: Wir folgen dem Stern, wir bleiben nicht stehn,
wir wollen das Kind in der Krippe sehn.

Gebete zu Beginn eines neuen Jahres

Lieber Gott,
der letzte Tag im Jahr ist angebrochen.
Um Mitternacht werde ich mit den Eltern und Geschwistern auf den Balkon gehen.
Wir werden das bunte Feuerwerk am Himmel bestaunen.
Mir ist ein bißchen bange am letzten Tag im alten Jahr.
Was wird das neue Jahr uns bringen?
Hilf, daß wir alle in der Familie
gesund und froh beieinander bleiben dürfen.
Hilf, daß die Menschen in der Welt sich vertragen
und daß es keinen Krieg gibt.

*

Lieber Gott!
Wir haben gehört, was Jesus für uns getan hat,
als er groß geworden ist.
Er hat uns gezeigt, daß wir gütig und barmherzig sein sollen.
Er hat uns gesagt, daß Gott uns lieb hat.
Seinen Frieden will er in unsere dunkle Welt bringen.
Auch wir möchten versuchen,
jeden Tag im neuen Jahr anderen Menschen Freude zu bereiten.
Hilf uns, daß wir untereinander Frieden halten.

Lieber Vater im Himmel!
Behüte uns im neuen Jahr und bleib bei uns auf unseren Wegen,
auch wenn die Tage nicht immer hell und froh sind.
Laß uns spüren, daß wir unter deinem Schutz stehen.

*

Das neue Jahr ist da mit Eis und Schnee.
Dicke Eiszapfen hängen an der Dachrinne.
Wir holen unsere Schlitten aus dem Keller und stapfen den Berg hoch.
Manchmal binden wir unsere Schlitten zu einer langen Bimmelbahn zusammen.
Immer schneller und schneller geht das!
Wenn wir genug gerodelt haben,
machen wir eine Schneeballschlacht.
Am liebsten bauen wir einen schönen großen Schneemann
mit einer dicken Mohrrübe mitten im Gesicht
und setzen Mutters alten Kochtopf obendrauf.
Lieber Gott, du schenkst uns Sommer und Winter, Eis und Schnee.
Wir bitten dich,
begleite uns mit deinem Segen auch im neuen Jahr.

Danklied im Januar

Komm, hilf mit und roll die Kugel,
morgen kann es ja schon tauen!
Darum wollen wir noch heute
einen großen Schneemann bauen!

Eiskristalle, weiße Flocken
hast du, lieber Gott, geschenkt,
und wir loben dich und danken
dir, der Erd und Himmel lenkt.

Februar

Jetzt kommt der Februar herbei,
da geht's zum Faschingsball.
Wir toben, singen, tanzen, lachen
im bunten Karneval.

Ein Astronaut will Olaf sein,
und Sheriff ist der Kai.
Die Gesa will Prinzessin sein
und Katze die Marei.

Dann malen wir uns lustig an,
den Mund, die Backen auch.
Ihr könnt den Clown nicht mehr erkennen
mit seinem dicken Bauch.

Monats- und Tierrätsel

Wer läßt die Füchse frieren
und beißt den Hasen ins Bein?
Hat manchmal nur 28 Tage?
Das wird der … sein.

(Februar)

Streckt den braunen Kopf hervor,
blinzelt in das Licht hinein,
brummt: „Mir friert das rechte Ohr,
ich kriech' in die Höhle wieder hinein!"

(Bär)

Alte Bauernregeln und Volksgut für den Februar

Lichtmeß im Klee, Ostern im Schnee.

Sonnt sich der Dachs in der Lichtmeß-Woch',
wird ihm warm, oder es friert ihn noch.

Lichtmeß hell und klar
gibt ein gutes Roggenjahr.

Wenn der Bär zu Lichtmeß seinen Schatten sieht,
kriecht er wieder für sechs Wochen ins Loch.

St. Valentin mit Sonne
ist der Bauern Wonne.

Winterschlaf unterm Blätterhügel

Die Nächte sind kalt geworden.
„Hol die Harke aus dem Keller!“ sagt Vater zu Ingo. Hinten im Garten liegt noch das Laub vom Kastanienbaum und von den Birken. „Harke alles zusammen und wirf es auf den Komposthaufen!“
„So viel Laub“, wundert sich Ingo. „Das gibt ja einen riesigen Berg!“ Als er die letzten Blätter auf den Komposthaufen harken will, stößt er auf etwas Hartes. „Sind das etwa noch die wurmstichigen Falläpfel?“ wundert er sich. Er räumt die Blätter beiseite. Ein stachliger Ball kullert ihm entgegen. Ein Igel, ein Igel, ganz zusammengerollt. „Vati“, ruft Ingo, „das ist der Igel, der im Sommer immer so geschnauft hat am Kaminholzstapel. Richtig gequietscht hat er. Und die Igelin hat er bei sich gehabt und die kleinen Igelkinder. Wie die trippeln konnten!“
Ganz unbeweglich liegt der Igel da. „Ob er jetzt tot ist?“ fragt Ingo. „Vielleicht hat ihn der Jagdhund vom Nachbarn totgebissen.“
„Der Igel will seinen Winterschlaf halten, und wir haben ihn dabei gestört“, sagt der Vater.
Ganz langsam streckt sich ein kleines schwarzes Schwänzchen aus dem Stachelkleid hervor. Die kleinen Trippelbeine sind zu sehen. Aber der Igel trippelt nicht los. Er torkelt ganz unbeholfen hin und her. „Komm, wir setzen ihn ganz schnell wieder tief in seinen Blätterhaufen, und ein bißchen Erde häufeln wir an den Seiten auch noch hoch“, sagt der Vater. „Der Igel soll doch nicht erfrieren. Der Winter ist noch lang genug. Und im Frühling soll er uns wieder die Wühlmäuse und Schnecken im Garten wegfressen!“ „Und seine Igelkinder soll er uns zeigen!“ sagt Ingo fröhlich.

Könnt ihr weiterdichten?

Geht ihr auch mit zum Fasching heute?
Dann sucht den Reim – das macht euch Freud!

Regine geht als schwarze Katze
mit langem Schwanz und scharfer T ... (atze)

Ruth stellt sich als Hase vor
mit braunem Fell und langem O ... (hr)

Der Markus kommt als Teddybär,
der brummt und wiegt sich hin und h ... (er)

Der Andrik tollt als frecher Clown,
paß auf, daß sie dich nicht verh ... (aun!)

Lars geht ganz stolz als Schornsteinfeger,
Robert springt her als Indian ... (er)

Als Astronaut düst los der Mark,
der Raumanzug ist wirklich st ... (ark)

Als Seiltänzer tanzt die Tine,
und Marktfrau ist die Sa ... (bine)

Ich hör euch singen, lachen, schrein,
euch fällt beim Fasching bestimmt noch mehr ein!

Rätsel

Das erste sanft vom Himmel fällt,
macht weiß und hell die dunkle Welt.
Ganz rund das zweite, kullert fein,
die Kinder sausen hinterdrein.
Das ganze blüht im Garten schön,
kannst es im Frühjahr leuchten sehn. Schnee-Ball

Wie die Schneekinder tanzen

Die ganze Nacht hat es geschneit. Die Tannen vor dem Haus stecken ihre weißen Schneezweige in den kalten Wintermorgen. Lustig sehen die Gartenzäune aus mit ihren weißen Schneemützen. Die Autos vor dem Haus müssen alle freigeschaufelt werden. Bettina und Michael stehen am Fenster. „Einen großen Schneemann wollen wir uns bauen!" ruft Michael. „Ich glaube, der Schnee pappt schon gut!"
„Aber zieht euch warm an!" mahnt die Mutter.
„Du – der Bauch ist bald fertig!" lacht Bettina. „Komm, wir rollen ihn hier den Abhang hinunter, dann wird er noch dicker!"
„Wir stellen den Schneemann neben die Tanne an der Gartentür. Dann kann er nachher gleich dem Postboten „Guten Tag" sagen!" meint Bettina.
„Aber er muß doch gucken und lachen können!" sagt Michael. „Ich hole eine Mohrrübe für die Nase und ein paar Steine für die Augen aus der Garage!"
Den Schneebesen drückt Michael dem Schneemann in die Seite. Oben drauf kommt Vaters alter Gartenhut. „Euer Schneemann ist ganz toll geworden!" stellt Mutter fest. „Wir bauen noch zwei kleine Schneekinder dazu!" ruft Bettina. „Und eine Schneefrau fehlt eigentlich auch noch."
Als es dunkel wird, steht eine ganze Schneefamilie vor dem Haus neben den Tannen. „Wenn es heut nacht bloß nicht taut!" meint Michael. Die Kinder schauen vor dem Einschlafen noch eine Weile zu den Tannen hinüber. „Der große Schneemannvater sieht richtig lebendig aus!" stellt Bettina fest. „Guck mal, als ob er uns zublinzelt!"
In der Nacht wird Michael wach. Ist da nicht ein Flüstern und Lachen im Garten zu hören? Er läuft zum Fenster. Was ist das? Die beiden kleinen Schneekinder tapsen hin und her. Sie ziehen dem Schneevater den langen Besen aus dem Bauch und werfen ihn hoch in

die Luft. Sie binden der Schneemutter den bunten karierten Schal ab und üben Seilziehen damit. Das kleine Schneekind versteckt sich hinter der Tonne und ruft: Wo bin ich? Wer sucht mich?
Michael rüttelt Bettina wach. „Schnell! komm ans Fenster!“ Unsere Schneekinder tanzen im Garten herum. Jetzt fangen sie sogar an zu singen! Hör doch mal!

Schneeflöckchen, Weißröckchen,
ihr kommt endlich geschneit.
Wir warten schon lange,
das wird höchste Zeit.

Seht, die Kinder, die freuen sich,
und wir Schneekinder auch.
Und wir klopfen uns fröhlich
auf den dicken weißen Bauch.

Und bei Nacht, wenn die Sterne
hoch am Himmelszelt stehen.
Dann spielen wir und tanzen,
doch das darf niemand sehen.

Komm – wir kitzeln die Mama
und den Schneevatermann.
Und wir schleichen uns heimlich
an die beiden heran.

Hört – wir heulen wie die Eulen,
wie der kalte Winterwind,
wie die weißen Gespenster,
die im Geisterschloß sind.

Doch wir spielen und tanzen
in der Nacht ganz allein,
denn die vielen kleinen Kinder
müssen brav im Bette sein.

„Nein, nein!“ ruft Bettina ganz laut, „wir kommen runter zu euch! Wartet nur, wir ziehn uns schnell die Anoraks und die Stiefel an!“

„Na, da hast du wohl was Schönes geträumt! Bettina! Aufstehen! Und Michael hat im Schlaf auch ganz viel erzählt“, lacht die Mutter. Bettina und Michael springen hoch und laufen ans Fenster. Unbeweglich stehen die Schneekinder da. Aber der Kleine – der hat doch den buntkarierten Schal um den Bauch gebunden und den Schneebesen vom Schneevater im Arm!
Lachend kommt Jan, der große Bruder, ins Zimmer. „Na, da staunt ihr, was? Ich hab gestern abend eure Schneefamilie ein bißchen anders angezogen. Sieht der Kleine nicht lustig aus?“
Bettina und Michael schauen sich an. „Lieber nichts verraten“, flüstert Michael, „das von unserm Traum bleibt unser Geheimnis! Vielleicht denken sich die Schneekinder heute nacht wieder etwas Lustiges aus!“

Faschingslied

Text: Barbara Cratzius Melodie: Klaus W. Hoffmann.

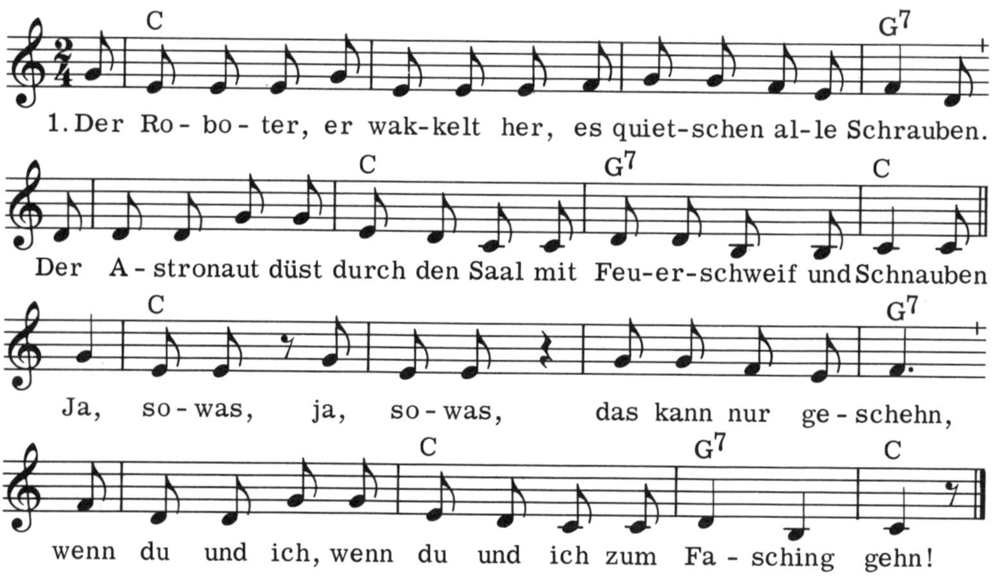

2. Der Pinguin trägt stolz den Frack,
gibt an vor vielen Leuten.
Der Zirkusclown schwenkt seinen Hut
und grüßt nach allen Seiten.

3. Der Tarzan mit dem Lendenschurz,
der tanzt mit viel Geheule,
es drehen sich zum Cha-Cha-Cha
der Rabe und die Eule.

4. Die Carmen her aus Spanien kommt
im Haar die rote Rose.
Der Stierkämpfer verliert beim Kampf
den Degen und die Hose.

5. Am Leierkasten dudelt Hans
den Song für einen Groschen
und an der Theke haben fast
sich Storch und Frosch verdroschen.

6. Die Suse holt sich für den Tanz
den schwarzgelockten Bäcker.
Es drehn sich Mäuschen Pippifax
und Karl, der Schornsteinfeger.

7. Wer klopft denn da mit Hu-hu-hu
so spät am Kellerfenster?
Die Taschenlampe unterm Hemd?
Das sind die Nachtgespenster!

Zungenbrecher

Koch Kunibert
kocht knackige Klopse
mit Knoblauch.

Kasper krault
Karlis Kanarienvogel
und Kerstins Katze.

Kasperspiel

Vorspiel

So – liebe Kinder! Der Ki-Ka-Ku-Kasper ist wieder da mit seiner Zi-Zu-Zipfelmütze und seiner langen Ni-Nu-Nase.
Heute wollen wir ein ganz tolles Spiel vorspielen. Soll das Spiel ganz lang sein? So lang wie meine Zipfelmütze? So lang wie beide Kaspernasen zusammen? So lang wie von hier bis zur ersten Stuhlreihe? So lang wie von hier bis hinten zur Wand? So lang wie bis zum Mond? Nein, so ein langes weiß ich nicht. Dann spiel ich eins, das ist mittellang, so lang wie von dieser Ecke zur andern (zeigt auf der Spielleiste entlang).

(Dieses Vorspiel kann auch für ein eigenes Kasperspiel verwendet werden.)

Wer hat vom süßen Honig genascht?

Ein Spiel zum Kindergeburtstag oder Faschingsfest

Es spielen: Kasper und ein (Teddy)Bär
Requisiten: ein Honigtopf aus einer beklebten Papprolle

Vorspiel s. Seite 117.

Kasper: Tri-tra-tra-la-la – Kasperle ist wieder da!
Ha – und der Kasper hat eine neue Zipfelmütze auf mit einer ganz bunten Kordel dran! Eine Sonntags-Ober-Zipfel-Zapfelmütze ist das!

(Er schwenkt sie herum)

Und hinter den Ohren hab' ich mich auch gewaschen! Und sogar den Hals! Und meine Fingernägel hab' ich gebürstet wie ein Weltmeister! Gar keine schwarzen Ränder mehr! Habt ihr auch so saubere Fingernägel, liebe Kinder? Dabei bin ich doch grade im Garten gewesen und hab' der Großmutter einen tollen Stri-Stra-Strohblumenstrauß gepflückt. Ein paar Blumen sind übrig geblieben. Die kriegt ihr, liebe Kinder.

(Wirft den Kindern einige Strohblumen zu)

Sagt mal, Stroh sieht doch gelb aus! Und die Blumen – die sind ganz bunt. Ist das nicht verrückt?
Magst du denn Stroh-Ulrike heißen – du da, mit den blonden Haaren? Oder Stroh-Klaus?

(Namen des kranken Kindes nennen)

Na, wenigstens bin ich nicht der Strohkasper! Ich bin der lustige Ki-Ka-Ku-Kasper Larifari. Und der Ki-Ka-Ku-Kasper Larifari will heute der Großmutter gratulieren. Die hat nämlich Geburtstag. Wir können ja schon mal das Geburtstagslied einüben; das wollen wir ihr nachher vorsingen:

(Auf die Melodie: Ein Vogel wollte Hochzeit machen)

Wir kommen all und wünschen heut
der Großmutter viel Glück und Freud.
Fiderallala ...

Die bunten Blumen bringen wir
und schicken tausend Grüße ihr!
Fiderallala ...

Die Großmama zu jeder Stund
soll bleiben fröhlich und gesund.
Fiderallala ...

Toll habt ihr das gesungen, liebe Kinder! Und jetzt hole ich schon mal das Geburtstagsgeschenk. Dabei haben ganz viele bunte Blüten und viele kleine Tierchen mitgeholfen. Das ist richtig was zum Gesundwerden!
Na – habt ihr's schon erraten?
Ist auch gelb wie die Strohblumen, aber es ist kein Stroh-Honig drin – Blütenhonig ist das! Ein ganz großes Glas voll!
So – das stell ich erst mal hierhin! Und ihr paßt schön auf, daß die böse Hexe das Glas nicht klaut! Wenn die kommt – dann müßt ihr mich rufen! Ich will nämlich gucken, ob die Großmama schon aufgewacht ist.

(Kasper ab) – (Bär kommt herbeigetrottet und brummt)

Bär:

Ich tapse hin und tapse her,
ich bin der große braune Bar.
Ich brumme tief, hab' frohen Mut,
ich glaub', hier riecht es gar so gut.

Guten Morgen, liebe Kinder! Da hab' ich doch was von der bösen Hexe gehört. Habt ihr denn die heute schon gesehen?

(Kinder verneinen)

Na – dann kann ja auch niemand von dem süßen, süßen Honig klauen! Der duftet so gut! Bis in den Wald hab ich's gerochen. Davon bin ich nämlich aufgewacht.

Hm – da steht ja das Glas schon! Was ist denn da drauf geschrieben – könnt ihr das lesen, Kinder?

B ... B ... Butterhonig?
B ... B ... Bärenhonig?

Kinder: Blütenhonig!

Bär: Nein, nein, ich kann das besser lesen! Wenn das Bärenhonig ist, dann darf ich wohl eine ganz kleine Titze-Tatze davon probieren. Ich mach' den Deckel auch gleich wieder zu! Hm – das schmeckt! Richtig nach Rosen, nach Mohnblumen, nach Kleeblüten ... Wißt ihr, ich habe nämlich über-über-übermorgen – Überwoche – Übermonat – auch Geburtstag! Da darf ich doch heute schon ein bißchen naschen!
Noch eine Pfote voll! Noch eine!
(er guckt in den Topf)

Wo ist denn der Honig geblieben? Der ist ja ganz weggehext ...! Kinder, ich glaub', die böse Hexe war da – da muß ich mich verstecken!

(Kasper kommt)

Kasper: Tri-tra-tra-la-la – Kasperle ist wieder da!
Kinder, die Großmutter hat sich ganz doll an den Strohblumen gefreut! Und nun wird sie sich auch an dem Strohhonig ... ich meine: an dem Blütenhonig freuen!
Ja, was ist denn das?? Der Honigtopf ist leer! Ist denn die böxe Hexe hiergewesen?

(Kinder rufen: der Bär war da ...)

Ach, da seh ich ja ein braunes Bärenohr hervorgucken
(Er zieht den Bären hervor)

Mein lieber Bär, weißt du wohl, wo der ganze Honig geblieben ist?

Bär: Ich glaube, die böse Hexe war das!

Kasper: Die böse Hexe? Na – das wird ihr schlecht bekommen. Wer den Honig nascht, der wird verhext, das ist nämlich Zauberhonig!

Bär: Arme Hexe, was passiert denn jetzt mit ihr?

Kasper: Der fallen alle Zi-Za-Zähne aus, und sie kann nicht mehr hören und sehen!

Bär: (entsetzt)
Was? Kann denn niemand ihr helfen?

Kasper: Sie muß es zugeben, daß sie den Honig genascht hat (spricht allmählich immer leiser)
... ganz ehrlich muß sie es zugeben.

Bär: Sprich lauter, ich kann dich nicht verstehen!

Kasper: Was – du kannst mich nicht verstehen? Halte mal deine Pfoten über die Augen. Na – kannst du mich noch sehen?

(Kasper versteckt sich)

Bär: (guckt umher)
Kasper, wo bist du? Ich kann dich nicht mehr sehen! O – was soll ich bloß machen! Ich kann nicht mehr hören und sehen! Kinder – könnt ihr helfen?
(Kinder: Sag, daß du den Honig genascht hast ...)

Bär: Kasper, Kasper, ich hab' den ganzen Honig ausgenascht! Sei bitte nicht böse! Ich will gleich mit dir in den Wald gehen; ich weiß, wo ein alter Baumstamm mit einem großen Bienenstock steht. Da kriegst du neuen Honig!

Kasper: Gut, lieber Bär, nun kannst du auch wieder sehen und hören! Und Geburtstag können wir mit der Großmama feiern!
Kinder, singt nun doch noch mal Großmutters Geburtstagslied vor!

Alle singen: Wir kommen all ...

Luftballon-Song

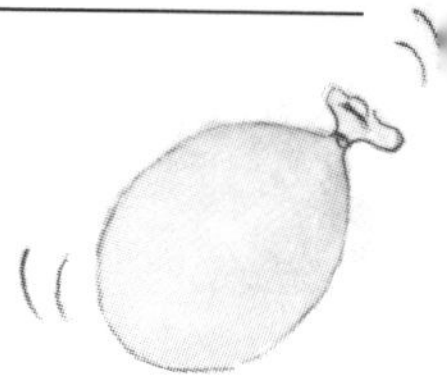

Auf die Melodie:
„Horch, was kommt von draußen rein",
zu singen.

Seht – wer tanzt denn dort daher? (Hollahi ..)
Hoch und runter – immer mehr?
Lieber roter Luftballon,
tanz und schweb mir nicht davon.

Wie 'ne Feder leicht und zart,
ist von ganz besondrer Art.
Roter Ball, ich tipp' ihn an,
daß er höher steigen kann.

Wie 'ne Seifenblase sacht,
hat er sich davongemacht.
Schwebt zu Ingrid und zu Till,
fällt und steigt, ganz wie er will.

Tanja, fang das leichte Ding,
zart grad wie ein Schmetterling.
Schwebt aufs Knie, auf Kopf und Nas,
hüpft noch weiter durch das Gras.

Luftballon, komm, 1-2-3,
platz doch bitte nicht entzwei.
Wir wolln dich noch lange sehn,
wie du schwebst, du bist so schön.

Spielanweisungen zum Luftballonlied

Jedes Kind pustet seinen Luftballon auf.
Jedes Kind spielt in seinem eigenen Rhythmus mit dem Luftballon: treibt ihn vorwärts, treibt ihn hoch und runter mit dem Zeigefinger, mit der Fingerkuppe, mit der ganzen Hand, mit dem Kopf, mit dem Knie und dem Fuß.
Wir legen uns auf die Erde und versuchen, den Luftballon mit den Händen und Füßen in der Luft zu halten.
Wir stellen uns zu Partnern gegenüber, werfen uns einen Luftballon zu, das gleiche Spiel mit zwei Luftballons.
Wir legen uns auf den Rücken auf den Boden und reichen dem Partner den Luftballon mit den Füßen über dem Kopf zu. Der Partner nimmt zunächst den Ball mit den Händen ab. Dann legt er sich auch hin und nimmt den Luftballon mit den Füßen ab.
Wir legen den Luftballon auf den Bauch und drükken ihn auf den Rücken des Partners; so gehen wir langsam vorwärts. Wenn viele Kinder auf diese Weise vorwärts gehen, gibt es einen lustigen Eisenbahnzug.

Ein kleiner Teddybär

Melodie: 10 kleine Negerlein

Ein kleiner Teddybär
der tanzt so durch die Welt.
Er streichelt dich mit Bärentatzen,
weil ihm das so gefällt.
Brumm, brumm, brumm.

Ein kleines Mäusekind,
das trippelt durch die Welt.
Es streichelt dich mit weichen Pfötchen,
weil ihm das so gefällt.
Piep, piep, piep.

Eine kleine Schmusekatze
die schleicht so durch die Welt.
Sie kitzelt dich mit spitzen Krallen,
weil ihr das so gefällt.
Miau, miau, miau.

Ein kleines Heuschrecktier
das hüpft so durch die Welt.
Es geigt ein kleines Lied dir vor,
weil ihm das so gefällt.
Ding, ding, ding.

Ein kleiner Elefant,
der stampft so durch die Welt.
Er reicht dir seinen Rüssel hin,
weil ihm das so gefällt.
Ding, dang, dong.

Ein kleines Eulenkind
das fliegt so durch die Welt.
Die Augen glühen in der Nacht,
weil ihm das so gefällt.
Hu, hu, hu.

Ein kleines Affenkind
das hopst so durch die Welt.
Es reicht die Affenhand dir hin,
weil ihm das so gefällt.
Hi, ho, hu.

Ein kleines Hasenkind
das hoppelt durch die Welt.
Es führt den Hasentanz dir vor,
weil ihm das so gefällt.
Heißa, heißa, hopp.

Die Kinder sitzen im Stuhlkreis. Textgemäß vollführt ein Kind im Innenkreis die Bewegungen, verbeugt sich schließlich vor einem vor ihm sitzenden Kind. Dieses schließt sich an und führt die gleichen Bewegungen aus. Wenn alle Kinder herumwandern, wird ein neuer Teddybär bestimmt.

Lustiger Faschingsspaß – Wo bist du, lieber Kuckuck, du!

Ihr malt auf zwei Kärtchen jeweils das gleiche Tier auf: Katze, Hund, Kuckuck, Huhn, Hahn, Gans, Eule.
Wenn die Gruppe schon lesen kann, könnt ihr die Wörter auch aufschreiben.
Dann bekommt jedes Kind ein Kärtchen.
Die Kinder schauen sich die Kärtchen an, ohne daß der Nachbar das Bild sehen kann.
Nun ruft der Spielleiter:

Jetzt geht es los, fangt alle an,
wer wohl am besten rufen kann!

oder: Wer maunzt so laut nach dir,
komm, liebe Katze, her zu mir!

Nun ruft jedes Kind in seiner Tiersprache nach seinem Partner.
Das Paar, das sich als erstes gefunden hat, darf die Kärtchen von neuem verteilen, bzw. den „Lockruf" sprechen.

Kreisspiel zum Faschingsfest

Auf die Melodie: „Brüderchen, komm tanz mit mir"

Brüderchen, komm, tanz mit mir,
beide Hände reich' ich dir.
Einmal hin, einmal her,
rundherum, das ist nicht schwer.

Kleiner Zwerg, komm, tanz mit mir, ...
Großer Ries', komm, tanz mit mir, ...
Kasperle, komm, tanz mit mir, ...
Kater Mohr, komm, tanz mit mir, ...
Pudel Max, komm, tanz mit mir, ...
Lieber Hänsel, komm, tanz mit mir, ...
Liebe Gretel, komm, tanz mit mir, ...
Kleine Hex, komm, tanz mit mir, ...
Rotkäppchen, komm, tanz mit mir, ...
Zottelbär, komm, tanz mit mir, ...
Mickymaus, komm, tanz mit mir, ...

Bei diesem Tanzspiel können auch die Namen der Kindergartenkinder eingesetzt werden und auch viele weitere Märchennamen oder Namen von Geschichten, Tieren.
Wenn das Spiel als Fingerspiel gespielt werden soll, wird bei der Namensnennung zunächst der linke Zeigefinger hochgestreckt. Dann werden bei der Stelle „beide Hände reich ich dir", beide Daumen und Zeigefinger herausgestreckt, sie berühren sich, „fassen sich an". Dann tanzen sie nach links, nach rechts und „rundherum", wobei die Bewegung mit den Armen und dem ganzen Körper aufgenommen werden kann.

Wir malen Bilder im Februar

Mal ein Bild im Februar.
Weiß beschneit die Regentonne,
und die langen weißen Zapfen
glitzern in der Wintersonne.

Dann hol viele bunte Farben,
rote Backen hat der Clown.
Luftballons und die Girlanden
sind ganz lustig anzuschaun.

Gelbes Hemd kriegt der Chinese,
Goldmarie ganz langes Haar.
Schwanz und Ohren für die Mäuse:
Karneval im Februar!

Basteln für Fasching/ Fastnacht

Klammer-Clown Fridolin

Material:
weißer Karton
1 Holzwäscheklammer

Fridolin kann als Raumschmuck aufgehängt oder auf den Tisch gestellt werden. Außerdem kann er als Tischkartenhalter dienen.

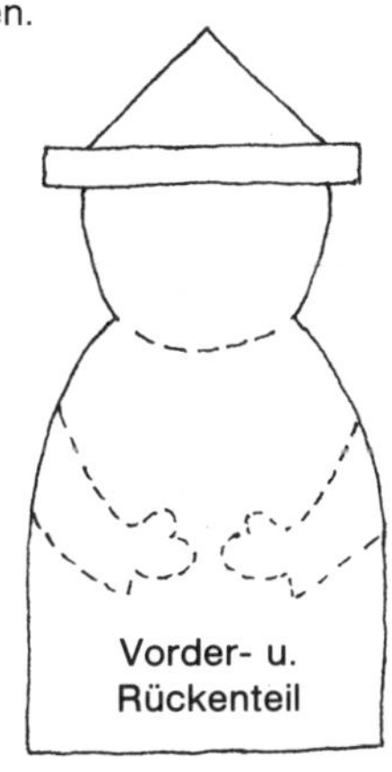

Nach dem Muster zwei Teile aus weißem Karton ausschneiden und Vorder- und Rückseite mit Filzstiften bemalen. Zum Schluß beide Teile am Hut zusammenkleben und ca. 2 mm von der unteren Kante eine Holzwäscheklammer dazwischen kleben. In die Klammer kann dann die Tischkarte gesteckt werden. *(G. Erhardt)*

Wir verkleiden uns

Bitte beim Kaufmann um eine große Tüte aus Packpapier. Sie muß so groß sein, daß du sie dir über den ganzen Kopf stülpen kannst. Nimm aber keine Plastiktüte! Darunter könntest du nicht mehr atmen!

1. Ziehe die Papiertüte über deinen Kopf und fühle vorsichtig, wo deine Augen, Deine Nase und dein Mund unter dem Papier versteckt sind. Dort machst du mit einem weichen Filzstift Punkte auf das Papier.

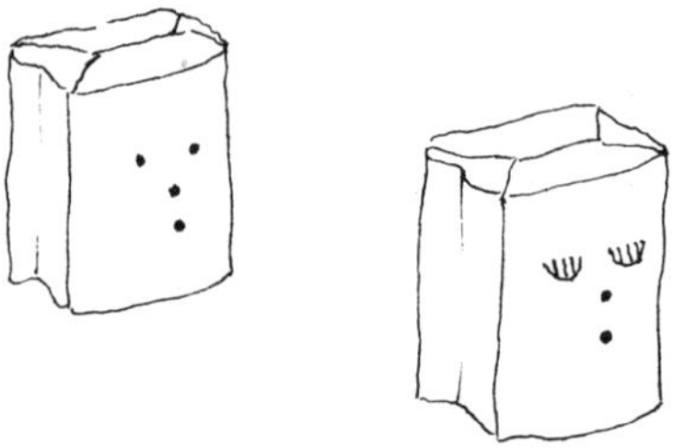

2. Nimm die Tüte vom Kopf und schneide bei den Augenpunkten zwei Halbkreise ein, die du dann in schmale Streifen (die Wimpern) schneidest. Biege die Wimpern hoch.
3. Zeichne beim Nasenpunkt eine Nase auf, die dir gefällt. Sie kann dick oder dünn sein, lang, spitz oder rund; aber am oberen Ende muß sie mit der Maske verbunden bleiben. Schneide die Nase aus und biege sie nach vorn.

4. Jetzt denke dir aus, wie der Mund aussehen soll, und schneide ihn aus. Bei einem fröhlichen Gesicht zeigen die Mundwinkel nach oben, bei einem traurigen nach unten.

5. Deine Maske braucht Ohren. Zeichne auf die Seitenwände der Papiertüte je einen Halbkreis, schneide ihn aus und klappe die Ohren nach vorn, so daß sie schön vom Kopf abstehen.

6. Als Haar verwende Streifen aus Kreppapier, die du mit Klebstoff an der Tüte befestigst. Dabei kannst du dir viele Frisuren ausdenken.

7. Ziehe dir Mutters Nachthemd an und setze deine Maske auf. Wollen wir wetten, daß dich niemand erkennt? *(E. Scharafat)*

Laternen als Wandschmuck

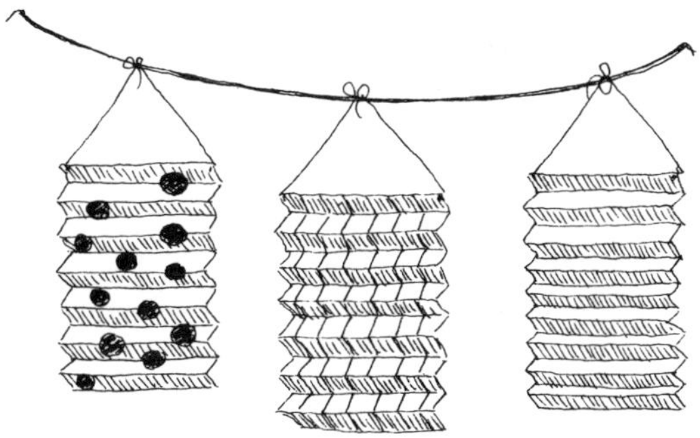

Material:
weißes Zeichenpapier (ca. 30 × 17 cm)
Malkasten, Pinsel

Auch Malanfänger können diesen hübschen Wandschmuck herstellen. Zuerst das Zeichenpapier mit bunten Mustern, Streifen oder Punkten bemalen und trocknen lassen. Dann die Papiere an den Schmalseiten zu gleichmäßigen Treppen falten und wieder auseinanderziehen. Einen schmalen Pappstreifen auf oder hinter die oberste Falte kleben und einen Aufhängefaden daran befestigen. *(G. Erhardt)*

Knallbonbon

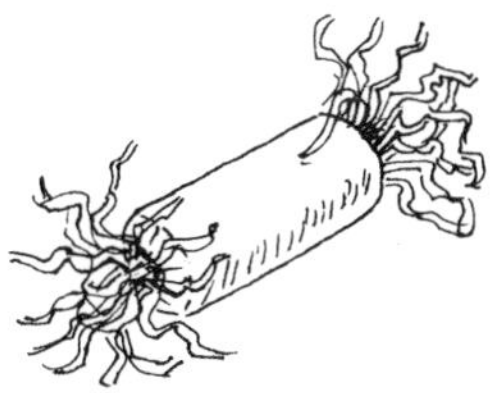

Material:
Seidenpapier
Toilettenpapierrolle
Band

Für diese hübsche Faschingsdekoration legt man zwei verschiedenfarbige Bogen Seidenpapier (Maße: 25 × 35 cm) aufeinander, darauf, wie abgebildet, eine Toilettenpapierrolle und markiert auf dem Papier deren Enden. Nun wird das Seidenpapier von beiden Seiten bis zur Markierung in schmale Treppen gefaltet und anschließend in feine Streifen geschnitten. (Darauf achten, daß die Treppe ganz durchgeschnitten wird.) Die Toi-rolle wieder auf das Papier legen, das Seidenpapier fest darum herumwickeln und festkleben. An den beiden Enden der Rolle mit einem Faden abbinden.
(G. Erhardt)

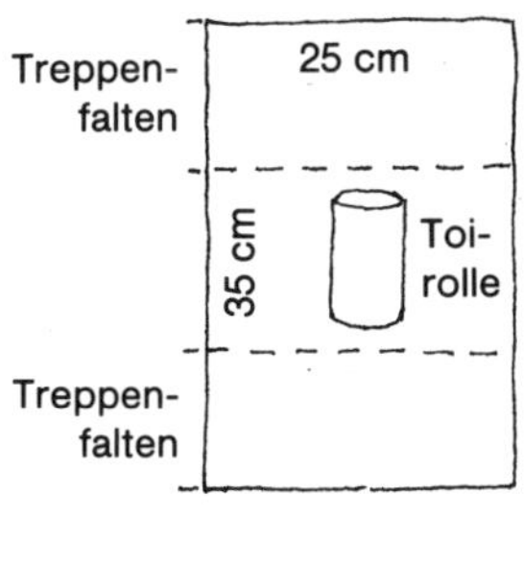

Bunter Faschingssalat

Du brauchst dazu für etwa 8 bis 10 Personen:
1 Pfd. Vollkornnudeln
3 große Äpfel
150 g Schinkenwürfel
200 g Emmentaler Käse
2 Dosen Tomatenmark
3 Becher Creme fraiche
1 Becher Joghurt
3 Gewürzgurken
etwas Mehl und Gurkenwasser
Salz, Pfeffer, Kräuter nach Geschmack (z. B. Petersilie, Oregano)
2 Löffel Apfelfriate oder Honig
1 Handvoll Pinienkerne

Koche in einem großen Topf Wasser mit etwas Salz und 1 Eßlöffel Öl auf. (Das Öl verhindert, daß die Nudeln später aneinanderkleben) Schütte die Nudeln hinein und schalte die Hitze kleiner. Koche die Nudeln etwa 8 bis 12 Minuten. Sie sollen bißfest sein, „al dente“ sagen die Italiener.
Schneide die Äpfel, Gurken, den Käse in kleine Würfel.
Aus den übrigen Zutaten rührst du eine Soße zusammen, die du unter den Salat gibst.
Mit Tomaten- und Eischeiben kannst du den bunten Faschingssalat lustig verzieren.

Gebet im Februar

Im Februar ist es so richtig klirrend kalt draußen. Da müssen wir uns unsere dicken Wollsachen und die gefütterten Anoraks anziehen. Wenn wir durchgefroren von unserer Schneeballschlacht nach Hause kommen, macht Mutter uns etwas Warmes zu essen. Viele Menschen haben es nicht so gut wie wir. Sie müssen frieren und haben nicht satt zu essen. Meine Mutter packt oft Pakete und schickt sie in Länder, wo es Menschen nicht so gut geht wie uns.
Lieber Gott, laß mich dafür dankbar sein, daß ich einen dicken neuen Anorak bekommen habe und feste hohe Winterstiefel. Lieber Gott, ich danke dir für das gute Essen und mein schönes warmes Zimmer.

Danklied im Februar

Heut wolln wir Schlitten fahren,
ich will erster sein.
Wenn der gelbe Mond aufgeht,
laufen wir erst rein.

Oh, wir haben Bärenhunger,
Mami, wir sind hier!
Seht – der Tisch ist schon bereitet,
lieber Gott, wir danken dir!